리트윗의 자유를 허하라

선거법은 어떻게 우리를 범죄자로 만들었나?

리트윗의 자유를 허하라

박수진·박성철·노현웅·오승훈 지음

위즈덤하우스

규제의 시대에서
규칙의 시대로

- SNS 시대의 진정한 선거법을 찾아 나서다 -

김선수(민주사회를 위한 변호사 모임 회장)

바야흐로 정치의 계절, 선거의 계절이다. 대의민주주의 체제에서 국민이 정치에 참여하는 기회는 선거를 통해 주어진다. 직접민주주의적 요소와 행동민주주의적 요소가 보완적 역할을 하겠지만, 현대 민주주의 국가에서 국민이 정권을 교체하는 합법적인 절차는 선거다. 선거라는 제도만으로 한계가 있지만, 그래도 민주주의가 생명력을 갖는 것은 바로 선거에 의한 정권 교체의 가능성 때문이다.

2012년은 20년 만에 국회의원 선거와 대통령 선거가 함께 치러지는 해다. 각각 4월 11일과 12월 19일에 실시된다. 우리는 4년 전 총선과 대선 이후에 벌어진 한국 사회의 퇴행을 경험하고 선거의 중요성을 새삼 절실하게 깨달았다. 잘못된 선택으로 사회가 얼마나 어긋날 수 있는지, 사회 구성원들이 얼마나 절망적인 상황으로 내몰릴 수 있는지, 그래서 선거를 왜 잘해야 하는지 깨닫는 데에 상당한 수업료를 치렀다.

국민이 선거에서 올바른 선택을 하기 위해서는 선거운동의 자유가 보장되어야 하고, 후보에 대한 정보를 투명하게 공개하고, 그에 대한 평가와 지지 및 반대의 의사표시가 자유롭게 이루어질 수 있어야 한다. 물론 관권이나 금권의 동원, 그리고 흑색선전에 의한 투표의 왜곡은 철저하게 규제되어야 마땅하다. 그것은 진정한 민의를 왜곡시키기 때문이다. 과거 부정선거가 기승을 부렸던 경험으로 말미암아 공정선거에 대한 요구가 높은 것을 부정할 수는 없다.

그러나 선거에 대한 규제 일변도의 태도는 선거의 정상적인 기능을 질식시킬 우려가 있다. 특히 후보자가 아니라 유권자의 표현행위에 대한 제한은 매우 신중해야 한다. 국민의 선거권은 단지 투표에 참여한다는 소극적 의미에 그치는 것이 아니라, 선거 과정에서 정책에 대한 의견과 지지후보와 반대후보에 대한 입장을 공개적으로 표현하는 자유까지를 포함하는 적극적 의미를 가진다. 헌법재판소의 지적처럼 선거 시기라는 이유로 표현의 자유가 억압당한다면 국민주권과 민주주의 정치 원리는 공허한 메아리에 지나지 않게 될 것이다.

그런데 우리 공직선거법은 선거의 공정성 도모라는 목적 달성을 위해 지나치게 선거운동의 자유를 제한하고 있다. 공직선거법의 두 가지 목적은 부정을 방지하여 선거의 공정성을 확보하는 것과 선거권의 실질적 보장을 통해 민주적 정당성을 제고하는 것이다. 후자의 목적을 원활하게 달성하기 위해 대부분의 선진국은 선거운동에 대해 '원칙적 허용, 예외적 금지'의 형태로 규율하고 있다. 그렇지만 우리 공직선거법은 그와 반대로 선거운동의 '원칙적 금지, 예외적 허용'이라는 형태를 유지하고 있다. 포괄적으로 금지하고 예외적으로 허용하면서도 법률 문언조차 명확하지 않아 일반인은 물론이고 법률전문가조차도 어떤 행위가 허용되는지 여부를 정확하게 판단할 수 없다. 법원도 심급별로 결론이 달리 나는 경우가 비일비재하다.

그로 인한 위축 효과로 표현의 자유 침해가 심각하고, 선거를 관리하는 행정기관인 중앙선거관리위원회와 형사소추 절차를 담당하는 검찰이 공직선거법의 해석과 적용 과정에서 자의적으로 권한을 행사하게 된다. 그래서 매 선거 시기마다 불공정한 선거관리와 편파적인 기소권 행사 논란이 있어 왔고, 후보자는 물론이고 일반 유권자 중에도 공직선거법 위반으로 처벌받는 사람들이 다수 발생했다. 최종적으로 사법기관인 법원이 판단을 하게 되지만, 법원 판결에 대한 국민들의 신뢰도가 높다고 보장할 수도 없다. 인터넷의 발달과 함께 온라인에서 활발한 정치적 토론과 의사표현이 이루어지고 있지만, 공직선거법이 이를 따라가지 못하는 상황에서 중앙선거관리위원회와 검찰, 법원은 규제 위주의 해석을 해왔다.

공직선거법의 많은 규제 조항들에 대해 헌법재판소에 헌법소원이 제기되어 왔고, 같은 조항에 대해 반복적으로 제기되기도 했다. 헌법재판소는 대부분 합헌 결정을 했으나, 2011년 12월 29일 공직선거법 제93조(탈법방법에 의한 문서·도화의 배부·게시 등 금지) 제1항에 대해 "인터넷에 정치적 의견을 표현하는 것까지 금지하는 것은 위헌"이라는 한정위헌 결정을 했다. 국회는 2012년 2월 27일 헌법재판소의 위 결정 취지를 반영하는 공직선거법 개정안을 통과시켰다.

위와 같은 헌법재판소의 결정과 국회의 개정안 처리가 인터넷상의 정치적 표현의 자유를 신장하는 데 기여할 것이라는 점은 분명하나, 아직도 공직선거법에는 허위사실 공표, 후보자 비방, 사전 선거운동 금지 등 남용될 우려가 많은 독소 조항들이 다수 남아 있다. 실제로 헌법재판소의 결정 이후에도 인터넷에 올린 글을 이유로 소환되거나 기소되는 국민들이 여전히 존재하며, 2012년 선거 시기에 얼마나 많은 사람들이 탄압을 받게 될 것인지 가늠할 수 없다.

「한겨레신문」 기자들과 변호사로 구성된 저자들은 다양하고 구체적인 사례들을 제시하면서 공직선거법의 내용상 문제점, 선거 관리와 해석 및 검찰 수사의 타당성 여부에 대해 따져보고 검토했다. 어렵고 복잡한 공직선거법 관련 쟁점들을 가능한 한 이해하기 쉽게 정리했다. 현행 공직선거법상 허용되는 행위와 허용되지 않는 행위를 판례와 중앙선거관리위원회 회신 등을 근거로 구분해주기도 했으나, 저자들의 지적대로 '코에 걸면 코걸이, 귀에 걸면 귀걸이'식이 많아 그 구분선이 애매한 경우가 많다.

검찰이 보수적인 정치편향성을 가지고 국민과 정치인을 불신하고 선거에 대한 관리자 모드로 개입하는 메커니즘을 분석하는 대목은, 그동안 검찰이 보여준 행태를 이해하는 데 도움을 준다. 검찰이 정당한 수사를 하기 위해서는 검찰 조직의 이익을 위해 선거를 관리하려는 욕심을 버리고 최소한의 개입으로 룰 자체를 훼손해서는 안 되고, 기계적 균형에 대한 집착을 버려야 하며, 언론 플레이를 피하고 중립성을 대체할 투명성을 강화해야 하며, 검찰 아니면 안 된다는 태도를 버려야 한다는 등의 지적은 매우 설득력 있다. 또한 재외국민의 선거권 행사를 제한하고 있는 공직선거법과 국민투표법 관련 규정에 대한 헌법재판소의 헌법불합치 결정에 따라, 2012년 총선에서 처음 실시되는 재외동포의 선거에 대해서도 놓치지 않았다. 재외국민선거가 허용되기까지의 운동 과정과 현재의 상황, 그리고 바람직한 방향에 대해서도 정리했다.

선거 시기에 즈음하여 시의적절한 책이 출간되었다고 할 수 있겠다. 저자들이 지적한 바와 같이 민주주의는 선거권 확대의 역사이고, 사회의 발전에 따라 선거운동의 자유는 확장되어 갈 것이다.

현재 벌어지고 있는 선거운동, 특히 인터넷을 통한 정치적 표현행위에 대한 희극 같은 탄압은 역사의 뒤안길에서 에피소드로 남게 될 것이다. 그러나 이러한 탄압이 국민의 선택과 역사의 발전을 왜곡할 수 있고, 그 과정에서 무고한 국민들이 고통을 받을 수 있다는 사실이 답답하다. 공직선거법이 본래의 기능을 수행할 수 있는 방향으로 운영 및 해석되고, 나아가 개정됨으로써 우리 사회의 민주화 수준을 제고할 수 있기를 저자들과 함께 바란다.

선거사범이 된
유권자들

1
제93조 제1항 한정위헌 결정,
그이후

국회의원한테 욕했잖아요

마흔여덟 이지훈(가명) 씨는 대구에 사는 노동자다. 직원이 130명인 중소기업에 다닌다. 아내와 맞벌이를 하며 고등학교 1학년 딸을 키우고 있다. 그는 정치에 관심도 많고, 울분도 많다. 그저 노동자인 이지훈 씨에게는 지난해부터 마이크가 생겼다. 스마트폰 또는 컴퓨터만 있으면 그 마이크는 세상을 향해 이 씨가 하는 이야기를 전해줬다. 이 씨는 끊임없이 그 마이크에 대고 말했고, 말하고 있다. 그 마이크의 이름은 '트위터'다.

2012년 2월 15일 이 씨 집에 경찰이 찾아왔다. 아내도, 이 씨도 모두 직장에 가 있던 터라 경찰은 이 씨를 만나지 못했다. 이웃에 사는 처제가 '경찰 방문' 소식을 알려줬다. 이어 경찰이 전화를 걸어왔다. "공직선거법 위반 혐의로 경찰서에 오셔야겠습니다." 이 씨는 잘못 걸려온 전화인가 했다. "네? 공직선거법이요? 전 어디 당원도 아닌데요? 투표하는 거 말고는 선거랑 아무 상관없는 사람인데요." 황당해하는 이 씨에게 경찰은 "트위터로 박근혜 새누리당 의원한테 욕했잖아요. 일단 내일 서울로 나오시죠."

'소시민' 이 씨에게 일어난 일이다. 경찰이 이 씨를 공직선거법 위반 혐의로 소환한 것은, 2011년 12월 29일 헌법재판소(이하 헌재) 가 "인터넷에 정치적 의견을 표현하는 것까지 금지하는 것은 위헌" 이라며 공직선거법 제93조 제1항에 대해 한정위헌 결정을 한 뒤다.[1] 공직선거법 제93조 제1항은 그동안 인터넷을 통한 정치적 의사표현까지 무분별하게 처벌하는 조항으로 비판 받아왔다. 이 결정 뒤에 '이제 인터넷을 통한 사전 선거운동은 허용한다'는 언론 보도가 줄을 이었다. 그로부터 두 달 뒤인 2012년 2월 27일, 국회는 헌재의 결정 취지에 맞춰 공직선거법 개정안을 통과시킨다. 법이 개정됨에 따라, 이제 인터넷 홈페이지, 게시판, 대화방 등에 글이나 동영상을 올리거나 트위터를 통해 공직후보자에 대한 글을 올리는 것 자체는 사전 선거운동이 되지 않는다.

그렇다면 법이 개정되기 전이긴 하지만, 헌재의 한정위헌[2] 결정으로 '온라인 선거운동을 규제하지 않는다'는 합헌적 해석이 도출됐음에도 경찰이 이 씨를 수사선상에 올린 이유는 뭘까. 결론부터 말하면, 경찰은 한정위헌 등으로 현재 논란이 되는 법 조항 대신 논

란의 범위 밖에 있는 금지 조항을 적용해 이씨를 수사했다. 공직선
거법이 개정됐지만, 경찰이 염두에 두고 있는 조항은 여전히 유효
하다.

우선 개정된 공직선거법을 보자.

2012년 2월 29일 개정된 공직선거법에서는 '인터넷상의 자유
로운 선거운동'과 관련해 두 개 조항을 개정 혹은 신설했다.

제58조는 선거운동의 범위를 규정했다. 이 조항에 따르면 '당선
되거나 되게 하거나 되지 못하게 하기 위한 행위'가 선거운동이지
만, 선거에 관한 단순한 의사 표시는 선거운동에 해당하지 않는다.
이번에 신설된 조항은 특정 정당 또는 후보자를 지지 · 추천하거
나 반대하는 내용 없이 투표참여를 권유하는 행위도 선거운동에
해당하지 않는다고 정하고 있다. '투표참여 권유 행위가 선거운동
이 아니다'라는 조항이 굳이 신설된 이유는 지난해 10.26 재보궐
선거에서 트위터를 통해 투표 인증샷을 올리는 행위 자체를 '선거
법 위반'이라고 규정한 중앙선거관리위원회(이하 선관위)의 지침이
논란이 일면서다. 그리고 선거운동 기간을 규정한 제59조 제3호에
서 '인터넷 홈페이지 또는 그 게시판 · 대화방 등에 글이나 동영상
등을 게시'하는 행위는 사전 선거운동으로 보지 않는다는 내용이
추가돼 있다. 이 두 개 조항의 신설로 적어도 인터넷을 통한 정치적
의사표현은 기본적으로 가능하게 됐다.

그러나 경찰이 이 씨에게 적용하려는 조항은 공직선거법 제251조다.

당선되거나 되게 하거나 되지 못하게 할 목적으로 연설·방송·신문·통신·잡지·벽보·선전문서 기타의 방법으로 공연히 사실을 적시하여 후보자(후보자가 되고자 하는 자를 포함한다), 그의 배우자 또는 직계존·비속이나 형제자매를 비방한 자는 3년 이하의 징역 또는 500만원 이하의 벌금에 처한다. 다만, 진실한 사실로서 공공의 이익에 관한 때에는 처벌하지 아니한다.

후보자 비방죄를 풀어서 설명하면 누구든지, 2명 이상의 여러 명이 볼 수 있는 곳에, 후보자나 예비후보자 또는 그들의 가족에 대해, 사실을 써서 비방하면, 즉 욕하면 처벌받는다. 여기 한 가지 추가돼야 할 구성요건은 '당선되거나 되게 하거나 되지 못하게 할 목적'이다.

이 씨를 수사한 경찰은 "제93조 제1항은 한정위헌 결정이 났기 때문에 신중하게 적용해야겠지만 인터넷을 통해 허위사실을 유포하거나 후보자를 비방하는 것은 여전히 공직선거법상 처벌 대상이다"라고 말했다. 즉 헌재의 한정위헌 결정으로 제93조 제1항으로 인터넷 사전 선거운동을 처벌하는 것은 어렵지만 인터넷을 통해 정치적 견해를 밝힌 '유권자'들을 수사하고 처벌할 수 있는 조항은 여전히 존재한다는 말이다.

그렇다면 이 씨는 어떤 글을 쓴 것일까. 2011년 12월부터 트위터를 시작한 이지훈 씨는 보통 하루에 2~3개 정도의 트윗(트위터 서비스에 올리는 140자 이내의 짧은 글)을 올렸다. 그는 주로 3대 세습을 하는 북한 김정일 일가에 박근혜 새누리당(당시 한나라당) 의원을 빗대 비판하는 글을 올렸다. 이를테면 이런 식이다.

"북한 독재자 김일성 자식넘(놈) 김정일, 김정은 정권세습에 호화생활 인민은 고통… 남한은 독재자 딸 박정희 박통에 박근혜 부정재산 권력세습 국민은 고통…"

"북한 김정일 부자도 축출하고 쥐박이와 박근혜도 축출시키자. 무능한 지도자 축출시켜야 한다. 김정일 김정은 인민이 두렵지도 않는지."

박근혜 의원이 아버지인 박정희 전 대통령으로부터 물려받은 정수장학회 등 부정적 유산에 대한 비판도 자유롭게 했다.

"안 해본 것 없이 자수성가한 이명박도 결국 무능으로 레임덕이 시작되는데 하물며 해본 것 없이 애비에게 물려받은 강탈 재산으로 고생 한 번 안 해보고 살아온 박근혜, 대통령병 걸린 박근혜는 오죽하겠나. 무능과 비리 거짓 눈치 잔대가리의 박근혜, 큰일이야."

"박근혜는 지금도 늦지 않았으니 육영재단 정수재단 부산일보 재산

환원하고 훌훌 털어버리고 정계서 은퇴하시고 멋진 ○○○과 결혼
해서 자식 낳고 잘 사는 게 국민을 위한 길이다. 그러면 나중에 역사
가 멋진 정치인으로 남겨줄 것이다.”

박근혜 의원의 정치적 행보에 대한 의견도 보냈다.

“디도스 사건 박근혜는 오리발⋯ 한나라당 책임지는 놈 하나 없네.
만약에 디도스 성공하였다면 박근혜가 가장 이득 보았을 것이다.”

“새누리당 박근혜가 국가보안법 보존한단다, 비정규직 노동자와 실
업문제 해결 못한단다. 비리와 범죄 해결 못한단다. 부정재산 환원
못하다다. 영세민과 빈민해결 각자 알아서 하란다. 영세상인 보호 해
결 못한단다. FTA 무조건 좋단다. 방법은 하나 정권교체 이루자!!”

다른 사람의 글을 리트윗하기도 했다. 리트윗은 다른 사람이 쓴
글을 자신도 동의해서 널리 알리고 싶거나 그 트윗에 관련된 내
용을 언급하고 싶을 때 쓰는 방식이다. 이 씨는 포털사이트 다음
(Daum)의 아고라 카페에 올라온 ‘박정희 박그네 집안을 파헤쳐 보
았습니다. 깜짝 놀라실걸요’ 같은 글을 리트윗하며 박근혜 의원의
집안 문제에도 관심을 보였다. 이 글은 2011년 6월에 작성된 글이
다. 댓글만 287개가 달려 있을 만큼 관심도가 높았던 글이다.

경찰은 그의 이런 글들을 문제 삼았다. 대구에 사는 이 씨를 수사선상에 올리고 조사하는 경찰은 부산 강서경찰서 소속이었다. 강서서 경찰들이 대구까지 올라와 그를 조사했다. 경찰은 이 씨에게 "왜 박근혜 후보를 비방하느냐?" "어느 정당 소속이냐? 누구에게 사주받았느냐?" "직장은 다니냐?" 등의 질문을 쏟아냈다.

이 씨는 소속 정당이 없다. 그는 그저 트위터라는 마이크에 대고 그가 생각했던 사실들을 이야기했다. 그는 경찰 조사에서 박근혜 의원과 그의 아버지인 박정희 전 대통령에 대해 평소 가지고 있던 비판적 생각을 말한 것이라고 했다. 이 씨는 "박정희 전 대통령의 독재나 그가 밤마다 양주 마시며 여자 연예인과 유흥을 즐긴 것은 역사적 사실"이라고 경찰에게 설명했다. 또 "박정희 전 대통령이 고故 김지태 씨로부터 정수장학회를 강제로 빼앗은 것도 '진실화해를 위한 과거사 정리 위원회'에서 규명한 역사적 사실인데, 그렇게 부정하게 축적한 정수장학회를 박근혜가 단지 딸이라는 이유로 물려받은 점, 그래서 돌려주라고 말하는 게 무슨 잘못이냐"고 경찰에게 물었다. 이 씨는 "아니, 내가 입이 없는 것도 아니고, 왜 이런 말을 못하게 막는 거냐. 표현의 자유, 이런 거 헌법으로 보장된 거 아니냐"고 항변했다.

여러 차례 반복하면 의도가 있는 것이다?

구 한나라당, 현 새누리당 지지 성향이 강한 대구라는 지방 도시에 살면서 오프라인에서 그와 비슷한 생각을 가진 사람들을 만나기란 쉽지 않다. 또 그가 박근혜 의원 이야기를 할라치면 생산적인 논쟁이 되기보다는 주먹다짐이나 말싸움이 될 뿐이었다. 말할 곳이 없던 그는, 술집이나 직장에서 밥 먹으면서 직장 동료와 할 법한 이야기들을 트위터로 풀어놓기 시작한 것이다.

이 씨는 박근혜 의원에 대해 비판적 생각을 가지게 된 경위를 이야기하며 경찰에게 물었다. "홍익대 청소아주머니 투쟁이 있을 때, 박근혜 의원이 무슨 말 하는 건 단 한 차례도 본 적이 없다. 갑자기 '슈퍼스타K (케이블 방송에서 방영하던 오디션 프로그램)' 이야기만 하더라. 그에 대해 내가 박근혜 의원은 약자 편이 아니라 강자 편인 것 같다고 생각하고 표현하는 것이 잘못이냐?"

이 씨의 질문에 경찰은 "사실을 이야기하더라도 자극적인 단어, 거친 표현을 사용하는 것은 법에 어긋난다"며 "당신이 쓴 글을 보고 박근혜 의원을 뽑으려고 했던 사람이 안 뽑게 되면 그건 선거에 영향을 미친 것이기 때문에 당연히 공직선거법 위반"이라고도 말했다. 경찰은 이 씨가 사용한 '쓰레기' '무능하다' '늙고 추하다' 등의 단어들이 '비방'에 해당하는 것이라고 말했다.

그렇다면 후보자 비방죄가 적용되기 위해 이 씨가 박근혜 의원

이 '당선되지 못하게 할 목적을 가졌다'는 것은 어디서 알 수 있을까. 경찰은 "여러 차례 반복해서 쓴다는 건 어떤 목적이 있는 것으로 볼 수 있다"며 "이 씨는 적어도 우리가 봤을 때 스물여섯 차례 박근혜 의원을 비판하는 트윗을 썼기 때문에 목적이 있다고 볼 수 있다"고 설명했다.

경찰의 이런 행보는 검찰과 겹친다. 검찰은 제93조 제1항과 관련한 헌재 결정이 있은 지 한 달도 채 지나지 않은 2012년 1월 16일, 후보자 비방죄와 허위사실 유포죄는 더욱 중하게 판단하고 처벌하겠다는 취지의 '주요 선거사범 처리 기준'을 공개했다.

검찰의 처리기준에 따르면 트위터나 페이스북 같은 SNS(Social Network Service, 사회관계망 서비스)를 포함한 인터넷 매체와 오프라인을 통해 특정 후보자를 낙선시키려고 '허위사실'을 공표해 공직선거법 제250조 제2항[3]을 위반한 행위에 대해서 검찰은 전원을 입건하고 이들에게 징역형을 구형하는 것을 원칙으로 삼는다. 한마디로 선거 후보자와 관련해 거짓말을 하면 감옥 갈 각오를 하라는 이야기다.

또한 이런 내용을 인터넷 매체에 30회 이상 올리거나 문자메시지 500건, 유인물 500부 이상을 유포하면 구속영장을 청구하며, 당락에 결정적인 영향을 미쳤을 경우에는 구속 상태에서 수사한다고도 밝혔다. 검찰은 '더욱 투명하고' '더욱 객관적으로' 선거사범을 처리하겠다며 이런 기준을 발표했다. 인터넷을 통한 선거운동을 처벌하는 것이 '자의적이다', '표현의 자유나 정치활동의 자유 같은 헌법적 권리를 훼손하는 것이다'라는 비판에 대한 대응이지만 결국은 투명과 객관을 가장해 엄포를 놓은 것에 지나지 않는다.

검찰의 이런 원칙과 방침에 발맞춰 경찰은 불철주야, 트위터에 유력 정치인의 이름을 두드리며 모니터링에 박차를 가하고 있는 모양새다. 이 씨를 조사한 부산 강서경찰서 사이버수사팀장은 "새누리당 비방 트윗만 살펴보는 게 아니라 민주통합당에 대한 비방 트윗 등도 모니터링하고 있다"며 균형 잡힌 수사를 강조했다.

공직선거법이 개정됐지만 검찰이 투명하고 객관적으로 처벌하겠다는 제251조 후보자 비방죄와 제250조 제2항 허위사실 공표죄와 관련한 조항은 여전히 바뀐 게 없다. 그리고 이에 대한 검찰의 입장도 달라지지 않았다. 유권자들은 '인터넷 선거운동'에 한층 관대해진 개정 공직선거법으로 2012년 19대 총선과 대선을 치르게 됐지만, 여전히 엄격한 수사권력 또한 유권자를 주시하고 있다는 사실도 잊지 말아야 할 것이다.

이 씨가 공직선거법 위반으로 입건되어 기소되고 유죄 선고를 받을지 여부는 아직 모른다. 그러나 공직선거법 제93조 제1항에 대한 한정위헌 결정과 공직선거법 개정 이후 이 씨 등을 단속하는 경찰과 검찰의 태도를 보면 '풍선효과'가 연상된다. 풍선의 한쪽을 누르면 다른 쪽이 더욱 부푼다. 성매매특별법을 통과시키고 성매매 단속을 강화하면 성매매가 더욱 음지화하고, 비정규직법이 통과되자 오히려 2년 안에 비정규직 노동자를 해고하는 방식으로 고용의 불안정이 심화되듯, 문제의 근원을 치유하지 않으면 문제는 해결되지 않는다.

공직선거법도 마찬가지다. 다음 장에서 살펴보겠지만, 공직선거법은 규제 투성인 법이다. 1960년 3.15 부정선거, 1971년 박정희 독재정권의 4.27 부정선거 등 한국 현대사는 선거 부정으로 얼룩진 역사다. 당시 정치 지도자들은 선거를 자신의 정권 연장의 수단쯤으로만 여겨왔다. 그 때문에 생긴 '부정선거 포비아'는 공직선거법에 덕지덕지 규제 딱지를 붙이게 된 원인 중 하나가 되었다. 실제로 현재 공직선거법만 보더라도 전체 279개의 조항 가운데 32개 조항이 금지 조항이다. '금품수수 금지' '당원 매수 금지' 등 당연히 금지해야 할 조항들도 있지만, '투표소 내에서의 소란 언동 금지' '외국인 입국 금지' '시설물 설치 등의 금지' '연설 금지 장소' '구내 방송 등에 의한 선거운동 금지' '녹음기 사용 금지' 등 절차 하나하나 다 '금지'돼 있다.

이렇게 많은 금지 일번도의 법은 선거 당일 후보자에게 투표하는 행위만 허용하겠다는 취지와 다를 바 없다. 공직선거법 1조가 정하고 있는 '국민의 자유로운 의사와 민주적인 절차에 의하여 선거가 공정히 행하여지도록' 하려면 국민이 자유롭게, 그리고 민주적으로 의사를 결정할 수 있도록 선거 기간 다양한 의사표현의 자유를 주는 것도 중요하다. 생활에 밀접하게 침투해 있는 온라인 환경에서의 표현의 자유를 증진했다는 점에서 개정된 공직선거법은 의미가 있지만, 여전히 이런 '규제 일변도의 선거법' 자체를 바꾸지는 못했다. 땜질만 해놓은 셈이다. 공직선거법 자체의 문제점을 해결하지 않는다면, 다음 장에서 살펴볼 억울한 선거사범은 계속 늘어날 수밖에 없다.

2

제2의

정봉주들

토론, 범죄가 되다

이지훈 씨같은 일반인이 선거사범이 되기 시작한 건 1996년이다. 그 물꼬는 PC통신이 틔웠다. 1992년 천리안, 나우누리, 하이텔, 유니텔 등이 모뎀으로 연결되는 통신을 시작한 지 2년쯤 뒤인 1994년부터 PC통신 이용자는 늘어나기 시작했다. 모뎀 연결음 소리가 끝나면 파란 창에서는 서로의 의견을 개진하는 하얀 글자가 밤이 가는 줄 모르고 이어졌다. 영화방에서는 헐리우드 키드들이 '영퀴(영화 퀴즈)'를 풀며 자신의 내공을 뽐냈고, 재야의 소설가들이 진검 승부를 벌이던 소설방, 장거리 연애붐을 일으켰던 채팅방 등이 성황이었다.

선거의 계절인 1996년 15대 총선, 1997년 15대 대선을 앞두고

서는 통신사들이 '붐업'을 시작했다. 통신사들이 저마다 '대선플라자' 등 정치방을 만들어 놓았고 손님인 논객들은 거기서 놀았다. 이용자들도 자발적으로 정치 관련 채팅방을 만들고 '정치토론'을 벌였다. 그것은 PC통신이라는 광장이 열리면서 자연스럽게 벌어진 정치 참여의 또 다른 모습에 다름 아니었다. 그러나 이용자들도 통신사들도 그런 정치 참여가 '범죄의 영역' 안에 있는 줄은 몰랐다. 이미 잔치는 벌어졌고, 수사는 시작됐다. 1996년 15대 총선 전 18명이 통신서비스사가 운영하는 통신 공간에서 쓴 글로 구속 상태에서 수사를 받았고, 그중 3명이 구속기소됐다. 1996년 한 차례 '구속 수사의 피바람'이 지나간 뒤 1997년 15대 대선 직전에도 3명이 구속 수사를 받았고, 3명 모두 유죄를 선고받았다.

15대 총선을 앞두고 글을 썼다가 수사받은 이들 가운데 한 명은 사법고시를 준비하고 있었고, 다른 한 명은 중소기업을 운영하고 있었다. 당시 '정보민주화와 진보적 통신을 위한 연대모임' 활동을 하면서 이들의 구속수사 및 처벌에 대한 문제 제기를 했던 이광흠 씨는 "두 사람 다 특정 정당과 무관한 일반인들이었다"며 "선거 이전에도 꾸준히 PC통신에 자신의 정치적 입장과 관련한 글들을 올리며 다른 통신인들과 토론을 벌이던 처지였지만, 사법부가 선거일 180일 전 선거에 영향을 미치는 의사표현을 할 수 없다는 선거법 제93조 제1항, 제251조 등을 들이대며 이들의 토론활동이 범법이라고 판결했다"고 말했다.

이 씨는 "사법고시를 준비하던 김정호(가명) 씨는 20여 일간의 구속과 검찰 수사 뒤 고시 준비를 포기했고, 사업을 하던 한 사람은 40일간 구속된 뒤 사업이 위기에 몰려 결국 부도가 났다"고 말했다.

공직선거법으로 인한 사법살인의 시작은 1996년이었던 셈이다. 그들은 단지 PC통신을 했을 뿐이었다. 이때 검찰 조사도 참으로 우스웠다. 당시 검찰이 PC통신을 사용할 줄 몰라, 피의자가 직접 PC통신에 접속해 자신의 글을 찾아줘야 했다고 한다.

이 가운데 1심에서 공직선거법 제251조 후보자 비방죄로 벌금 100만 원을 선고받았지만 대법원에서 무죄를 선고받은 강영철(가명·48) 씨의 사례를 보면, 검찰이 기소한 선거사범이 얼마나 '황당한 범죄자'인지 알 수 있다. 강 씨는 당시 은행을 다니던 서른두 살의 금융맨이었다. 대법원 판결문에 따르면, 그는 "정당과는 전혀 연관 없이 은행원으로 재직하면서 평소 컴퓨터 통신과 정치 분야에 취미와 관심을 가지고 있어 종종 컴퓨터 통신에 개설된 주제토론실에 정치문제에 관한 자신의 의견을 개진"해왔을 뿐이었다.

그런 그가 기소된 이유는 천리안에 박지원 당시 국민회의 대변인과 관련한 자신의 평가를 적은 때문이었다. 그의 글은 대충 이런 내용이다.

"국민회의 대변인 박지원이 에세이집을 발간했다는데 나는 국민회의에서 김대중만큼 싫어하는 사람이 박지원이기 때문에 그가 책을 썼다는 기사를 읽고 속으로 이런 생각이 들었다. '꼴값 떨고 있네…' 국민회의 논평을 듣고도 눈살을 찌푸리지 않는 사람들이 솔직히 좀 이상하게 보인다. 그 사팔뜨기가 부천 어디에서 출마한다는데, 당선 여부가 전국에서 가장 궁금한 지역 중의 하나이다. 아무튼… 가장 많은 저질 발언을 한 박지원이 수필집을 썼다는 말을 들으니 우습다는 생각이 든다."

"정치가 저질이라기보단 박지원 개인이 저질이어요, 신한국당 손학규 의원이 박지원만큼 저질적인 발언을 하던가요? … 박지원의 수준이 꼭 자해공갈단 수준이라는 생각을 안 하십니까?"

강 씨는 검찰에 의해 '후보자를 비방했다'고 기소됐고, 서울중앙지방법원은 그에게 벌금 100만 원을 선고했다. 그러나 대법원은 그에게 무죄를 선고했다. 대법원은 왜 무죄를 선고했을까. 대법원은 판결문에서 "이 사건 통신문의 내용은 피고인의 박지원의 발언에 대한 주관적 평가라 할 것이고 '사실의 적시'라고 보기 어렵고 당선되지 못하게 할 목적이 있었다고 보기 어렵다"며 무죄를 선고했다. 즉 사실이 아니라 의견을 개진했고, 특별히 당선되지 못하게 할 목적을 갖고 쓴 글이 아니라는 판단이다.

그렇다면 검찰은 무엇을 사실의 적시라고 했을까. 검찰은 공소장에서 '사팔뜨기가 부천 어디에서 출마한다는데' 등의 표현을 문제 삼았다. 박지원 당시 국민회의 대변인이 부천에서 출마한다는 점, 시선에 문제가 있다는 점이 사실이기 때문에 사실을 적시하고 비방했다는 것이다. 대법원은 이에 대해 "사실의 적시를 판단할 때 언어의 통상적 의미와 용법, 이 사건 통신문의 문맥, 당시의 사회 상황 등 전체적 정황을 고려"해야 한다고 판시하고 있다. 대법원은 이에 따라 "'사팔뜨기가 부천 어디에서 출마한다'는 부분은 평가를 위한 전제로서 구체적 사실을 나열하였다기보다는 평가의 표현 내용을 이루는 것이므로 사실의 적시라고 보기 어렵다"고 판시했다.

어렵사리 무죄를 선고받긴 했지만, 강 씨는 PC통신에 자신의 정치적 견해와 생각을 밝히는 글을 썼다는 이유만으로 검찰 수사를 받고 1심부터 3심까지 이르는 지난한 재판 과정을 겪어야 했다. 그 고통을 누가 가늠할 수 있을까.

다시 감옥에 가느니 입을 닫겠다

같은 죄목인 공직선거법의 후보자 비방죄로 57일간 감옥살이를 한 정영준(50·가명) 씨는 "내가 그런 일을 했다는 게 너무 부끄럽다는 수치심, 쪽팔림, 자책감과 더불어 끝없이 자기 검열을 하게 된다"고 말했다.

정 씨는 1997년 대선 전인 9월, 통신사 유니텔에서 개설한 정치 게시판 '대선플라자'에 글을 쓴 죄로 구속기소됐다. 그때 정 씨는 태어난 지 석 달 된 딸이 있었고, 새로운 사업을 시작하려던 참이었다. 별안간 구속된 정 씨는 57일간 서울구치소에서 생활하다 집행유예 판결을 받고 풀려났다. 공소장에 기재된 그의 글 한 편의 전문을 실으면 다음과 같다.

죽기를 각오한 이회창

쉰한국당 당직자 연석회의에서, 기습적으로 반이회창 진영에게 후보 교체를 요구받은 이회창은 고뇌에 찬 자신의 심경을 드러냈다. "병역시비, 지도력의 미숙, 포용력의 부재"를 솔직히 시인함과 동시에… "지금 이 상황(?)에서… 후보 교체란 어불성설이며… 최후까지 죽을 각오로 대선에 임하겠다"라고 결의를 다졌다. 또한 전날에는 분당이 예상되는 이인제를 겨냥하여 "배신자여 갈테면 가라!!" 우리들(?)은 쉰한국의 깃발을 치켜든다!!!!…라고 당당함(?)을 과시했다. 과연! 죽기를 각오하긴 했다고 볼 수 있다. 왜 그런가? 그가 말한 "지금 이 상황"이란 무엇이길래 죽겠다고 고백하는가? ― 바로 여기에 이회창 후보의 모든 점 (대선후보로서의 자질, 철학, 신념 등등)을 압축해서 볼 수 있으며, 이회창 후보를 판별하는 결정적 자료라고 판단된다. 한마디로 그의 말은 "이왕 버린 몸 (지금 이 상황, ― 인생의 최대 시련이며 전 가족의 비통함이라했다)…끝까지 출마해서 대통령돼보겠다"고 고백한 것이다 ─ 일반 회사나 조직이라면 수백 번 잘리거나 평범한 사람이라면 스스로 물러났을 텐데… 학실이(?) 법대로(멋대로)는 뭐가 달라도 다르다. 비범한 인물임엔 틀림없다.

스스로의 인격과 자질로 만들어온 "지금 이 상황"에서 나름의 자신감도 피력했다. "그럼… 이대로 있다가 DJ에게 정권을 물려 줄 수 있겠는가?"라는 말로 DJ 비토그룹의 위기의식을 역용해서 협박하는 간교한 자신감을 드러낸 것이다. 이왕 버린 몸(지금 이 상황)이 개과천선하기 위해 노력하기는커녕… 한술 더 떠 끝까지 버텨보겠다는 고약하고 못된 위험천만한(국민입장에서 본다면) 발상을 하고 있는 것이다. 이런 심보(일신의 안일을 위해 나라를 버려보겠다는 심보)는, 회창이의 법대로(멋대로)라는 일 개인의 비범함에도 기인하지만 보다 근원적으로는 지난 30년간 유지돼온 지역 패권주의와 기득권 세력의 뿌리깊은 반야당 감정과 이해관계에 원인이 있다고 볼 수 있다. 누가 나서든지, 어떤 쓰레기가 나서든지 자신들의 통치 질서와 패권유지에 도움만 된다면 전국민과 나라를 "멋대로" 해도 상관없다는 "의지(?)"를 확인하는 자리였던 것이다 ─ 유유상종이다!
죽겠다고 각오 한 X을 말릴 수는 없다. 또 그럴 필요도 없다. ─ 그냥 죽도록 전 국민이 도와주면 된다!! 너 참 말 잘했다!! 그래 어여 되져라!!!! (물론 여기에서의 되져라는 정치적 의미임. 새롭게 강화된 선거법을 준수할 것을 하늘을 우러러 맹세합니다!!!!)

이런 비슷한 어투와 내용의 글 5건이 공연히 사실을 적시하여 이회창 당시 신한국당 대통령 후보자를 비방했다고 기소됐다. 그리고 1심과 2심에서 모두 징역 6개월에 집행유예 1년을 선고받았다. 정 씨는 57일 동안 서울구치소에서 구금된 뒤 1심 판결을 받고, 항소까지 했지만 상고는 포기했다. 정 씨는 "(상고한다고 대법원에서 무죄 혹은 그에 상응하는 판결을 내려줄 거라는)아무런 기대도 없었다"며 "싸울 의지가 사라졌다"고 상고를 포기한 이유를 말했다.

정 씨는 "당시 검사가 '내 대신 싸우고 있네요. 고맙다'고 말했다"고 기억했다. 검찰주사보는 직접적으로 '미안하다'고 말했다고 한다. 수사를 하는 당사자들이 보기에도 한심한 사건이니 그랬을 것이라고 말했다. 정 씨는 "담당 검사가 전북 정읍 출신이었는데 김대중 당선을 위해 싸워줘서 고맙다는 의미도 있지 않았겠냐"라며 뼈 있는 농담을 덧붙였다.

그날 이후로 정 씨는 필자와 만나기 전까지 15년 동안 단 한 번도 이 사건을 입에 올리지 않았다고 말했다. 정 씨는 "솔직히 쪽팔리고 한심하다"고 말했다.

정 씨는 1987년 서울대생 박종철이 고문으로 죽은 뒤 집회 및 시위에 관한 법률 위반으로 징역생활을 한 바 있다. 정 씨는 "그때는 싸움이라도 하다가, 정말 민주화를 위해서 운동하다가 감옥 갔는데, 그로부터 딱 10년 뒤에는 그냥 게시판에 내 생각, 혹은 당시 정치현실에 대한 실망감을 토로했을 뿐인데 그걸로 감옥에 가니

참 부끄러워서 어디다 말도 못했다"고 말했다.

검찰 수사의 영향이었는지 정 씨는 실제로도 자신이 잘못했다고 생각하고 있었다. "내가 좀 더 정교하게 썼어야 했는데, 막 아무 말이나 던졌지. 내가 그때 좀 제정신이 아니었어."

정 씨는 그 사건 이후로 '게시판 보기를 돌같이 하라'를 실천하고 있다. 일종의 트라우마라고 했다. 당시 수사받을 때 검사는 그가 방문했던 온갖 사이트의 목록을 죽 꿰어 정 씨에게 보여주며 "여긴 왜 갔어요?"라고 물어 순간순간 섬뜩했다고 말했다. 방문했던 '야한 사이트'들 몇 개도 목록에 있었다. 정 씨는 공소사실과 무관하게 이런 방문 내역도 다 언론에 새나가는 건 아닌지, 그래서 파렴치한이 되는 건 아닌지 걱정됐다고도 말했다.

결국 그 기억 때문에 그는 항상 자기검열을 한다. 괜히 글 썼다가 또 어떤 빌미를 잡혀 추적당하고, 붙잡혀갈지도 모른다는 생각에 어떤 글도 쓰지 못한다는 것이다. 댓글도 달지 않는다. 2004년 탄핵정국 때, 2008년 촛불집회 때 인터넷 광장이나 거리 광장이 한창 뜨거웠던 그 시절, 그는 거리로 나서는 데는 아무런 두려움이 없었다고 했다. 그러나 인터넷 게시판은 그에게 거리 집회보다 훨씬 무서운 존재였다. '미네르바 사건'을 보면서 그러길 잘했다는 생각이 들었다. 정 씨가 구속됐던 때로부터 10년이 지난 2008년 한 인터넷 경제 논객 '미네르바'는 경제 위기를 너무 잘 예측한 나머지 유명세를 탔고, 그 글 가운데 몇 가지 사실 때문에 구속됐고,

이후 무죄 판결을 받았다. 미네르바가 무죄를 받긴 했지만, 그의 신상은 낱낱이 까발려졌고, 그의 구속이 없던 일이 되는 것도 아니었다. 현재 미네르바는 국가를 상대로 자신의 구속 등으로 인한 정신적 피해에 대한 손해배상 소송을 제기한 상태다.

정 씨 외에도 1997년 대선을 앞두고 통신방에 글을 썼다가 구속된 이들을 보면, 주변에서 흔히 만날 수 있는 인물들이다. 한 명은 회사에 취직한 지 며칠 안 된 신입사원이었다. 이 신입사원은 심지어 영장도 없이 출근길 지하철역에서 긴급체포됐고, 40일간의 구속수사로 결국 새로 얻은 직장에서 잘렸다. 카이스트 재학 중이던 다른 한 명은 휴학을 해야 했다. 이광흠 씨는 "직장인이거나 학생인 터라 도주의 우려가 있는 것도 아니고, PC통신 게시판에 올라가 있는 글들이 곧 증거이기 때문에 '증거은닉의 염려'도 없어서 구속수사해야 할 필요가 없었지만, 굳이 긴급체포라는 수단을 사용해 과잉 수사했다"고 당시 검찰을 비판했다.

인터넷 선거사범 잔혹사

인터넷 선거사범은, 당연한 말이겠지만 4년을 주기로 발생했다. 2000년 16대 총선, 2004년 17대 총선, 2008년 18대 총선 때마다 매번 인터넷 환경이 달라졌고, 단속되는 유형도 새로워졌다. 그 숫자도 기하급수적으로 늘어, 2004년 17대 총선에서 공직선거법 위반으로 입건된 누리꾼은 1,170명이었다. 1996년 18건에서 8년 만에 65배 늘어난 셈이다.

2004년은 특수성이 있는 해다. 당시 여당이었던 한나라당은 노무현 대통령에 대한 탄핵소추를 국회에서 의결했다. 헌정 최초로 현직 대통령에 대한 탄핵이 시도됐다. 탄핵 정국과 17대 총선이 맞물리면서 온라인 세상은 탄핵 의원에 대한 패러디와 비평이 봇물을 이뤘고, 오프라인 광장은 촛불로 밤에도 환했다. 그리고 온라인 광장이 뜨거워지면서 17대 총선을 앞두고 공직선거법이 쳐둔 '범죄의 그물망'에 걸려드는 사람들도 많아졌다.

당시 대학생이면서 시사 패러디 작가로 활동하던 신상민(33) 씨가 대표적이다. 그는 '하얀 쪽배'라는 아이디로 디시인사이드, 라이브이즈닷컴 등의 사이트 자유게시판에 기발한 시사 패러디물을 만들어 올렸다. 신상민 씨는 2004년 3월 8일, 총선을 한 달여 앞두고 집으로 찾아온 경찰에 임의동행 형식으로 연행됐다. 이상하게도 경찰은 처음에는 수사 목적이나 이유를 제대로 밝히지 않았다. '리니지 게임 때문에 고소가 들어왔으니 봤으면 좋겠다'는 엉뚱한 이유를 댔다. 학교 앞으로 찾아온 경찰은 약 20분 동안 '리니지' 게임 이야기를 꺼내며 '아이디가 도용됐나' '어떻게 도용된 건가' 따위의 대화를 나누다, 20분 뒤에야 본론을 꺼냈다. 디시인사이드에 올렸던 24건의 패러디물에 대한 고소가 들어왔다는 것이다.

당시 문제가 되었던 패러디 포스터. 신 씨가 경찰의 수사를 받는다는 사실이 알려지자 디시인사이드 이용자들은 '나도 구속하라'며 패러디 합성 사진을 대거 올리기도 했다.

신 씨가 당시 한 언론에 보낸 수사 경위를 보면 개인이 만들어 인터넷에 올린 '패러디물'에 대한 법 적용이 얼마나 자의적인지를 알 수 있다.

하얀쪽배: 저는 기사로 이슈화된 내용을 주로 패러디 해왔습니다. 하지만 정말 말도 안 되는 허위 비방 작품들도 많은데 그쪽은 수사하지 않는지요?

경찰: 지켜보고 있는데, 네가 작품을 많이 만들었기 때문이야. 그러니 누가 심한 작품을 만들어 올리는지 네가 말해줘, 우리한테. 우리가 볼 때는 네가 가장 작품도 많고, 내용도 심하다고 생각하거든.

하얀쪽배: 그렇다면, 완전 날조된 허위사실로 만든 작품을 하나 만들어 올린 사람은 처벌받지 않는다는 말입니까?

경찰: 그러면 우리는 지켜보지, 더 올려봐라 하고…….

하얀쪽배: 저는 신문만평 수준의 표현 수위였다고 생각하는데, 신문만평은 그럼 어떻게 되는 건지요?

경찰: 신문만평은 그 수위도 애매하지만, '공익'이라는 방패가 있잖아.

대화를 종합해보면, 단체와 개인이 하는 것은 다르다, 신고가 들어와야 조사한다, 수위가 높아도 한두 건으로 조사하지 않는다, 라는 결론입니다.[4]

신 씨는 결국 그해 7월 1심에서 벌금 150만 원을 선고받았다. 당시 재판부였던 서울중앙지법 제23형사부(재판장 김병운)는 1심에서 "이들 패러디가 선거와 관련된 이미지인 것이 확실하고, 피고인이 '차떼기' '친일진상규명법' 등을 들어 한나라당을 공격하고 민주노동당의 정강정책을 소개하고 지지하는 등 정치적 성향을 명확히 드러냈을 뿐 아니라 17대 총선에 영향을 미치려는 의도가 인정된다"며 유죄를 선고했다. 항소했지만 판결은 뒤집어지지 않았다.

신 씨는 이후 '아마추어 패러디작가 연대' 등을 만들어 온라인상의 정치적 표현의 자유 등을 증진하기 위한 운동을 꾸준히 해왔지만, 직접 작품을 만들어 올리지는 않았다. 그는 당시 참여연대에서 마련한 한 토론회에서 "작품을 만들 당시에도 그랬지만 지금도 패러디가 문제된다고 생각하지 않는다. 하지만 하나의 판례로 남음으로써 패러디를 만들고자 하는 다른 사람들에게 나쁜 영향을 미칠까봐 우려된다. 또한, 개인적으로는 옳다고 생각해도 법정에서 위법 판결을 받으면 작품을 만들다가도 안 만들게 된다"고 말했다.

단지 패러디물을 통해 정치적 의사표현을 했던 그는 이후 공직선거법의 현실화와 표현의 자유 보장을 위해 광화문 등에서 1인 시위를 하는 '운동가'가 됐고(물론 프로그래머라는 직업도 가지고 있다), 2012년엔 통합진보당 청년비례대표에 응모해 '정치인'을 꿈꾸게 됐다.

신 씨는 2012년 청년비례대표 응모를 위해 만든 동영상 출사표에서 "150만 원의 벌금은 금전적 의미보다 5년간 피선거권 박탈이라는 정치적 의미가 더 큰 판결이었다"며 "대학생의 정치 참여를 경계했던 당시의 정치 현실에서 8년이 지난 지금 무엇이 나아졌나"고 반문했다.

매년 선거철마다 반복되는 공직선거법에 의한 유권자 잔혹사는 지루할 만큼 동어반복이다. 시민단체인 참여연대가 2011년 작성한 '2000-2010 선거 시기 유권자 수난사'라는 자료를 토대로 수난 사례를 나눠보면, 아무런 소속이 없는 일반 유권자가 공직선거법 위반으로 처벌받는 사례는 크게 8가지 유형으로 나눌 수 있다.[5]

1)특정 정당, 후보자를 상징하는 내용의 퍼포먼스 또는 1인 시위를 하거나 2)유명 영화포스터나 광고 등을 사용해 특정 정치인을 패러디한 작품을 게시하거나 3)선거에서 주요 이슈로 부각된 정책에 대한 찬반 입장을 표시하거나 4)뉴스 기사에 비판 댓글을 달거나 5)개인 블로그에 특정 정치인에 대한 반대 또는 지지의 글을 올리거나 6)인터넷 정치토론방에 특정 정치인을 비판하는 글을 올리거나 7)정당 또는 후보자의 홈페이지 게시판에 해당 정치인에 대한 비판 글을 올리거나 8) 지지정당이나 후보에 대한 여론 조사를 실시하고 결과를 공개하는 경우다.

개인 블로그나 인터넷 사이트에 글을 쓰는 것은 물론, 선거에 나서겠다는 후보자들이 유권자와의 소통을 목적으로 만들어둔 홈페이지에 글을 써도 공직선거법 위반으로 처벌 받아왔다. 뉴스 기사에 댓글을 다는 행위도 공직선거법은 간과하지 않으며, 국가의 정책에 대해 혹은 후보자들이 제시한 정책에 대해 찬성이나 반대의 입장을 펼치며 토론하는 것도 당연히 공직선거법에 저촉되어 왔다.

이쯤 되면 '너네, 눈만 뜨고 있어'라고 말하는 것과 똑같다. 손과 입과 머리는 깨어있으되 깨어 있으면 안 된다. 주제 사라마구 소설 『눈먼 자들의 도시』처럼 정치적 의사의 표현은 찍거나 찍지 말거나 둘 중 하나만 할 수 있다고 법이 말하고 있는 셈이다.

구체적인 사례를 살펴보면 누구나 한 번쯤 했을 법한 일들이어서 '알면 알수록' 손이 굳는다. 은행원 손아무개 씨의 경우를 보자. 손 씨는 2007년 17대 대통령 선거를 앞둔 9월, 인터넷 포털사이트 야후에서 기사를 보다가 "'경선무효' 박사모, 강재섭·박관용 고발'이라는 연합뉴스 기사 아래에 댓글을 달았다. "비리 백화점, 범법자, 위장 전입자, 이런 자가 대통령 후보??"로 시작하는 댓글의 내용은 한나라당과 이명박 후보를 비판하는 내용도 담았다. 기사를 읽은 뒤 단 댓글로 손 씨는 벌금 50만 원을 내야했다. 그에게 적용된 조항은 공직선거법 제93조 제1항이다. 선거일 180일 전에는 댓글도 조심해서 달아야 했다.

헌재의 한정위헌 결정 이후 2012년 4월 11일 치러지는 19대 국회의원 선거에서는 인터넷상의 선거운동이 비교적 자유롭게 됐다. 2012년 2월 27일 공직선거법 개정안이 국회를 통과하면서, "인터넷 홈페이지 또는 그 게시판·대화방 등에 글이나 동영상 등을 게시하거나 전자우편·문자메시지 전송에 의한 사전 선거운동을 허용하고, 특정 정당 또는 후보자를 지지·추천하거나 반대하는 내용 없이 투표참여를 권유하는 행위를 선거운동으로 보지 아니한다"는 조항이 추가됐다. 다만, 1장에서 본 이지훈 씨처럼, 후보자 비방죄는 여전히 2012년 이후 치러지는 선거에서도 적용될 가능성이 높다.

실제로 후보자 비방죄는 제93조 제1항 못지않게 많은 유권자들에 '범법의 굴레'를 씌웠다. 회사원 최아무개 씨는 2007년 10월 야후에 게시된 '박영선, 이 후보 관련 재산 상암구장 42개 지을 수준'이라는 제목의 「조세일보」 기사에 이명박 후보를 욕하는 댓글을 달았다가 후보자 비방죄로 벌금 50만 원을 선고받았다.

정책에 대한 반대를 통한 건전한 토론을 금지했던 선거법 제90조[6]도 여전히 유효하다. 이 조항은 선거일 전 180일부터 현수막 등을 설치할 수 없도록 정하고 있어 2010년 지방선거 전 '4대강'이 들어가는 모든 집회 등을 공직선거법 위반으로 규정했다. 4대강 사업은 정부·여당이 추진하고 야당이 반대하는 사업이므로 4대강 사업에 대한 찬반은 결국 특정 정당에 대한 찬반이라는 것이 선관위의 논리다. 이에 따라 지율스님이 2010년 열었던 4대강 사진전도 공직선거법 위반 대상이 됐다.

당시 사건을 자세히 살펴보자. 문제의 주범은 선관위였다. 선관위는 2010년 3월, 6.2 지방선거를 앞두고 전국 성당에 나붙은 4대강 사업 반대 펼침막, 환경운동연합의 '4대강 지킴이' 모집 라디오 광고, 지율스님의 4대강 사진전 등이 모두 공직선거법 위반이라고 주의 조처를 내렸다. 경찰은 이에 따라 2010년 4월 29일 한국기독교교회협의회가 소속 목회자와 신도들이 '천안함 희생자, 4대강 죽음에서 생명으로'라는 펼침막을 들고 행진하는 것을 공직선거법 위반이라며 막았다. 결국 당사자들은 펼침막에서 '4대강'이라는 단어만 가리고 행진했다.[7]

1인 시위도 대상이었다. 회사원 박아무개 씨는 2010년 6.2 지방
선거를 앞두고 경기도 안성시 번화가에서 '삽질지옥, 투표천국, 4
대강 죽음의 삽질을 중단하고 회개하라, 6.2 심판의 날이 가까이
왔다'고 적은 피켓을 들고 1인 시위를 하다가 공직선거법 위반으
로 기소됐다. 그는 벌금 50만 원을 선고유예받았다. 그에게도 역시
공직선거법 제90조가 적용됐다.

정책에 대한 토론은 다다익선이다. '정책을 보고 뽑는 것'은 민
주주의의 정석이다. 선관위는 금권선거에 휘둘리지 않도록 감시
하는 것은 물론, 이런 민주주의 원칙을 잘 집행할 수 있도록 유권자
를 독려하는 일에도 힘써야 한다. 선관위가 투표율 상승을 위해 '투
표합시다'라는 캠페인을 하는 것과 마찬가지로 유권자들이 정당

2010년 4월 29일 오후 성공회 대성당에서 '4대강 지키기 연합예배'가 끝난 뒤 목회자와 신도들이
'4대강'이라는 단어를 가리고 서울광장으로 행진했다.

이나 공직선거 후보자들이 제시하는 정책을 잘 인지하고, 그 정책에 어떤 장단점이 있는지, 실현 가능한지를 토론을 통해 판단하고 가려내도록 돕는 것도 역시 선관위의 일이다. 그러나 선관위는 정책에 대한 반대시위를 공직선거법 위반으로 규정해 '입과 귀와 머리'를 묶어두려는 시도를 한 셈이다. 김수진 이화여대 교수에 따르면 핵발전소 건립이 선거 쟁점이던 1976년 스웨덴 총선, 낙태 문제가 쟁점이던 2004년 미국 대선 등에서 종교기관, 시민단체, 일반 시민이 모두 격렬하게 논쟁을 벌이며 대규모 찬반집회를 열었지만, 이런 행위들이 '선거법 위반'이라고 처벌된 적은 한 번도 없었다. 헌법이 인정하는 집회 및 시위의 자유보다, 민주주의의 대원칙보다 선거법이 우선하는 것은 과연 정당한 일일까.

한편, 공직선거법 제93조 제1항에 대한 한정위헌 결정 이후 이 조항으로 처벌받은 사건들에 대해서는 재심이 청구될 예정이다. 민주사회를 위한 변호사 모임, 유권자 자유 네트워크 등은 재심 청구를 위해 공직선거법 제93조 제1항으로 처벌받은 유권자들을 모으고 있다. 재심 청구를 통해 어떤 결정이 나느냐에 따라 숱한 유권자를 범법자로 만들어왔던 공직선거법 제93조 제1항에 대한 한정위헌 결정과 법 개정이 참 의미를 찾게 될 것이다.

코에 걸면 코걸이, 귀에 걸면 귀걸이

2012년 2월 27일 공직선거법 개정안이 통과되면서 2012년 치러지는 19대 총선과 대선에서는 인터넷을 통한 정치적 의사표현이나 선거운동이 비교적 자유로워질 전망이다. 그러나 앞서 논의한 선거법 제90조와 제251조는 여전히 존재한다. 또한 검찰이 발표한 '선거사범 처리 기준'도 여전히 유효하다. 따라서 후보자 비방죄와 허위사실 유포죄에 대한 처벌과 법 적용은 더욱 많아질 것이다. 후보자 비방죄와 허위사실 유포죄 가운데 일반 유권자에게 자주 적용된 조항은 제251조 후보자 비방죄다. 그런데 이 조항의 무기인 '비방'은 코에 걸면 코걸이, 귀에 걸면 귀걸이가 되는 단어다.

#1. 회사원 심아무개 씨는 2007년 8월 15일~2007년 11월 14일까지 스무 차례에 걸쳐 인터넷 포털사이트 정치토론방에 '이명박 이래도 버티냐', '대통령이 되려는 자가 발마사지나 다니고', 'BBK 돈 50억 이명박 입금계좌 확인' 등의 제목으로 글을 올렸다. 그리고 이 글들이 당선되거나 낙선시킬 목적으로 공연히 사실을 적시해 이명박 후보를 비방한 것이라며 벌금 200만 원을 선고받았다. 대법원 3부(주심 안대희 대법관)는 2008년 8월 "글의 내용과 게재 시기 및 횟수 등에 비춰 적어도 이명박 후보가 당선되지 못하게 할 목적에 대한 인식이 있었음을 인정할 수 있고 전체적인 맥락이나 표현 방법에 비춰

이 후보의 자질에 대한 객관적인 정보를 제공하기보다 인격적으로 비하했기 때문에 후보자 비방죄에 해당한다"며 심 씨의 상고를 기각했다.

#2. 2005년 4월 대법원 1부(주심 김영란 대법관)는 한나라당 인터넷 홈페이지에 박근혜 의원과 홍사덕 전 의원을 비방하는 글을 올린 혐의로 항소심에서 벌금 200만 원이 선고된 박아무개(46) 씨에 대해 "선거법상 후보자 비방죄의 구성요건에 해당하지 않아 처벌할 수 없다"며 사건을 서울고법으로 돌려보냈다. 박 씨는 2004년 3월 11일부터 22일까지 열네 차례에 걸쳐 한나라당 인터넷 홈페이지 게시판에 박근혜 의원과 홍사덕 전 의원에 대해 '빨갱이' '친일파' '미숙아' 등의 표현이 담긴 글을 게재해 비방한 혐의로 1심과 2심에서 모두 벌금 200만 원이 선고됐다. 그러나 대법원은 상고심 판결문에서 "선거법상 후보자 비방죄는 피고인이 후보자의 당선을 방해할 목적으로 공연히 사실을 적시해 비방해야 성립하는데 이 때 '사실의 적시'란 가치판단과 평가를 내용으로 하는 '의견표현'과 달리 시간·공간적으로 구체적인 사실을 보고하거나 진술한 것으로 증거에 의해 입증 가능한 것이어야 한다"고 밝혔다. 재판부는 "'빨갱이'나 '친일파'는 증거로 입증할 수 있는 내용이 아닌, 평가적 표현에 불과하고 '미친놈' '미숙아' 등도 과격하고 악의적인 표현이긴 하지만 구체적으로 사실을 적시한 것이라고 보기 어렵다"고 밝혔다.

위의 사례를 보면 인터넷 사이트에 쓴 글에 후보자 비방죄가 적용돼 유죄를 선고받은 사람과 무죄를 선고받은 사람이 쓴 내용은 사실 큰 차별성이 없다. 대상과 시기만 바뀌었을 뿐, 그들이 글을 쓰는 데 근거로 삼은 것은 대체로 언론이 보도한 의혹 혹은 사실들이고, 그에 대해 자신의 의견을 혹자는 논리적으로 혹자는 감정적으로 개진했을 뿐이다. 그럼에도 재판부의 판단에 따라, 또 피고인이 어떤 직업을 가졌는지, 비슷한 전례가 있는지 등 피고인에 대한 평가에 따라 어떤 경우는 후보자 비방죄가 적용되고 어떤 경우는 적용되지 않았다.

후보자 비방죄가 논란이 되는 가장 큰 이유는 이런 '자의성' 때문이다. 그야말로 '원님 욕하고 잡혀가는 경우'인데, 어떤 욕을 하면 잡혀가는지에 대한 예측이 불가능하다. 그리고 무엇이 욕인지에 대한 해석도 각기 다르다.

원론적인 이야기지만 이렇게 불명확한 법은 자유를 제압한다. 불명확하고 추상적인 법률에 대한 미국인의 엄밀성은 높이 살 만하다. 1990년대 미국에서 인터넷 사용 인구가 폭발적으로 늘어나면서 제정된 통신품위법Communication Decency Act 소멸의 역사는 공직선거법상 '후보자 비방죄'와 관련해 되짚어 볼 만하다. (일단 미국에는 인터넷을 통한 공직선거 후보자에 대한 의견 개진을 막는 법안이 없기 때문에 직접 비교할 법이 없다)

통신품위법은 제임스 엑손 네브래스카주 연방 상원의원이 청소

년들이 인터넷을 통해 쉽게 음란한 표현물을 접할 수 있다는 우려를 반영해 그를 규제해야 한다며 발의한 법안이었다. 미국 연방의회를 통과한 이 법안은 빌 클린턴 당시 미 대통령이 서명함에 따라 1996년 2월 8일 발효됐다.

그러자 20개의 시민단체와 인터넷 사용단체들은 해당 법안에 대한 위헌 소송을 곧장 제기했다. 그리고 통신품위법 발효 1주일 만인 1996년 2월 15일, 법원은 통신품위법 조항 가운데 ‘상스러운’이라는 용어의 정의가 불분명하다며 이 법 집행을 중지하라고 명령했다. 미국도서관협회도 통신품위법이 표현의 자유를 보장한 수정헌법 제1조에 위반된다며 위헌 소송을 제기했다. 그리고 연방법원 재판장 3명은 모두 통신품위법이 위헌이라고 판결했다.

애초에 통신품위법을 발의하고 지지하는 이들이 주장하는 보호법익은 청소년을 음란물로부터 보호해야 한다는 것이다. 반면, 통신품위법을 반대하는 이들은 ‘표현의 자유’라는 법익을 주장했다. 그리고 연방법원의 재판장 슬로비터 판사는 “아동을 보호한다는 이유로 성인들의 표현의 자유를 침해하는 것은 용납할 수 없다”고 말했다. 이는 한국의 공직선거법이 선거운동 혹은 정치활동 혹은 정치적 견해를 표현할 자유와, 공정한 선거라는 두 개의 법익 가운데 후자에 무게를 두고 유권자의 정치적 견해를 표현할 자유와 선거운동의 자유를 규제하는 것과 정반대의 판단이다.

또한 통신품위법이 인터넷상에서 금지하는 ‘상스럽거나 명백하게 모욕적인 내용'이라는 법안의 문구도 위헌이라고 판결하는 데 중요 이유가 됐다. 버크월터 판사는 "상스럽고 명백히 모욕적인 표현에 대한 정의가 불분명하다"며 "이렇게 애매모호한 법 조문을 통해 시민을 처벌하는 것은 표현의 자유를 보장한 수정헌법 제1조는 물론 정당한 법 절차를 보장한 수정헌법 제5조에도 위반된다"고 판단했다. 버크월터 판사는 법적으로 금지된 영역이 애매모호해서 보통 사람의 상식으로 판단했을 때 상반되거나 상이한 해석이 내려진다면 그것은 정당한 법 절차라고 볼 수 없다는 점을 분명히 했다. 국가라는 권력기관이 국민을 규제할 때 사용되는 '법'이라는 무기를 적용함에 있어서, 취향과 기호, 자의성, 추상성이 적용될 경우 그 법은 그야말로 최소한의 수단이 아니라 국가라는 권력 기관의 최대한의 무기가 된다.

2012년 개정된 공직선거법도 인터넷을 통한 자유로운 의사표현을 존중했다는 점에서 처음 공직선거법이 통합돼 개정된 1993년에 비해서 진일보한 것으로 평가된다. 그러나 여전히 개정 선거법에는 '비방'과 같은 자의적 표현들이 남아 있어, 꾸준한 법개정 논의가 요구된다.

3 정봉주 구속의 '어불성설'

정치재판의 속살

검찰이 후보자 비방죄 외에 전원 입건하고 징역형을 구형하겠다
며 '엄정 처벌'을 다짐한 죄목은 허위사실 공표죄[8]다. 특히 '인터넷
이나 트위터를 통해 허위사실을 공표한'이라는 단서를 붙임으로
써 인터넷 허위사실 공표 사범을 엄중 처벌하겠다고 밝혔다.

허위사실 공표죄는 2011년 크리스마스를 앞두고 유명세를 탔
다. 정봉주 전 의원이 2007년 17대 대통령 선거를 앞두고 이명박
당시 대통령 후보자에 대한 의혹을 제기한 데 대해 '허위사실 공
표'라며 징역 1년형을 받은 항소심 결과를 대법원에서 확정지었기
때문이다. 당시 정 전 의원은 여당이었던 대통합민주신당이 꾸린
'이명박 주가조작 의혹사건 진실규명 대책단'의 공동단장으로서

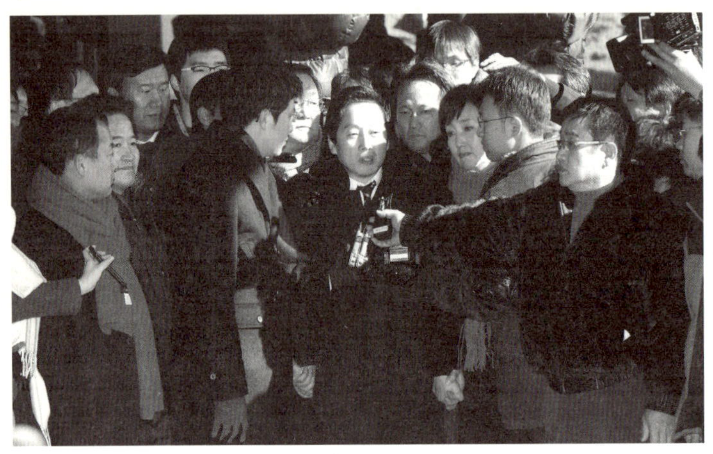

정봉주 전 의원이 입감을 위해 서울 서초동 서울중앙지검으로 출석하며 기자들의 질문을 받고 있다.

당 차원의 의혹을 제기했다. 결국 그에 대한 처벌은 당시 집권여당이 야당 후보에 대해 정책적, 도덕적 검증을 하기 위한 행위 자체에 대해 '무분별한 의혹 제기로 선거를 흙탕물로 만들었다'고 판단한 것과 같다.

선거재판은 대체로 정치재판이라는 오명을 쓰고 있다. 실제로 당시 집권당이 어디냐에 따라, 야당 국회의원과 여당 국회의원에 대한 재판부의 결정이 매우 달라진다. 꼭 여·야가 아니더라도, 공직선거법으로 처벌하는 양형을 보면, 매우 정치적인 판결임을 알 수 있다. 공직선거법은 징역 또는 100만 원 이상의 벌금형을 선고받은 경우 그 당선을 무효로 하고, 피선거권도 제한된다. 형사적 제재에 정치적 제재가 더해지는 것이다. 이에 따라 판결은 이런 정치적 제재를 가하냐, 가하지 않느냐의 선에서 양형을 결정한다. 금품을 수수했거나, 허위사실을 공표하는 등 공직선거법을 위반했을 때, 1, 2심에서 벌금 100만 원 이상의 당선취소형을 내리더라도 3심에서는 그 형량을 벌금 70만 원, 벌금 80만 원으로 낮춰줌으로써 당선을 유지시켜주는 정치적 결정이 왕왕 이뤄진다. 정봉주 전 의원의 경우, 결국 징역 1년을 선고받음에 따라, 사면복권되지 않는다고 가정했을 때, 징역 1년을 고스란히 감옥에서 보내는 것은 물론 앞으로 향후 10년간 선거에 진출할 수 없다. 한 정치인에 대한 '정치적 감금'이 선고된 셈이다.

허위사실 공표죄의 경우, 정 전 의원과 다르게 '벌금 100만 원 비켜가기 판결'로 재판부가 비난을 샀던 경우가 대부분이었다. 안형환 현 새누리당 의원의 사례가 대표적이다. 안형환 의원은 2008년 18대 총선에서 상대편인 민주당 이목희 후보를 342표라는 간발의 차로 제치고 당선됐다. 안 의원은 선거일 불과 3일 전인 2008년 4월 7일 막바지 유세에서 다음과 같이 말했다.

"자, 우리 함께 뉴타운을 만듭시다. 며칠 전에 오세훈 서울시장 여기 왔다 갔습니다. 조용히 왔다 갔습니다. 왜? 저를 만나고 가면 선거법에 문제가 되기 때문에 조용히 만나고, 아, 넘기겠습니다. 왔다 갔습니다. 그리고 저에게 얘기했습니다. '자, 오세훈이 왔다 갔다는 이야기를 주민들에게 얘기해라. 이게 바로 내가 너를 도울 수 있는 모든

2008년 4월 안형환 후보가 서울 금천구 독산동에서 선거유세를 하고 있다. 18대 총선에서 당선된 안 의원은 허위사실 공표죄로 벌금 200만 원을 선고받고 의원직을 상실할 위기에 놓였다가 대법원에서 형량이 낮춰져 의원직을 유지했다.

18대 총선에서 뉴타운 사업은 서울 지역의 가장 뜨거운 쟁점 중 하나였다. 오세훈 서울시장을 한나라당 소속으로 '확보'하고 있던 집권 여당에서는 서울 48개 지역구 가운데 23명이 뉴타운 공약을 내세워 당선됐다. 이들은 정치권에서 이른바 '(뉴)타운돌이'라고 불렸다. 그러나 그렇게 의원들이 내세운 뉴타운 공약은 실제로 제대로 추진되지 않거나, 추진되더라도 오히려 원주민들이 수억 원의 목돈을 마련해서 아파트를 받게 돼 경제적 부담을 가중시켰다.

문제는 안형환 의원이 뉴타운을 이야기하면서 오세훈 시장의 방문 이야기를 덧붙임으로써 뉴타운 지구로 지정만 되고 막상 시행은 되지 않아 똥줄이 타던 시흥3동 유권자들의 마음을 움직였을 가능성이다. 게다가 2006년 재개발촉진구역, 즉 뉴타운지구로 지정됐던 시흥3동은 2012년 존치지구로 변경됐다. 전 지역에 대한 정비사업은 불가능한 상태다. 안 의원의 뉴타운 공약이 '헛공약'임이 드러났다. 오세훈 서울시장도 재판정에 출석해 "뉴타운 문제는 복잡한 것이 너무 많다. 뉴타운 문제는 일단 선거가 끝난 후에나 본격적으로 협의하자'라고 대답한 뒤 헤어졌다"고 진술했다.

유권자에게 오해를 불러일으킬 만한 안 의원의 헛공약은 1심과 2심에서는 벌금 200만 원을 선고받았다. 서울고등법원은 "시흥3동 주민들이 뉴타운 지정을 고대하고 있던 상황에서 선거 2일 전 연설을 통해 오세훈 서울시장과의 만남 내용을 밝히고 뉴타운 추진이 조기에 될 것처럼 말했다. 이는 허위사실 공표에 해당된다"고 판시했다. 거짓말을 했고, 해당 거짓말은 죄가 중하다고 판단한 것이다.

의원직을 상실할 위기에 놓인 안 의원은 그러나 대법원의 다른 해석으로 기사회생한다. 당시 대법원 3부(주심 박시환 대법관)는 "안 의원의 선거운동 연설은 '뉴타운 사업과 관련해 오세훈 서울시장이 피고인의 선거운동을 지원하기 위해 금천구를 방문했다'는 취지로 해석될 수도 있다"면서도, "안 의원 쪽 주장과 같이 (뉴타운 사업과는 무관하게) '평소 친분이 있던 오 시장이 안 의원을 만나 격려하면서 자신을 만난 사실을 주민들에게 알려도 좋다'고 허락한 것으로 해석될 가능성도 충분히 있다"며 무죄 취지의 파기환송 판결을 했다. 대법원은 다만 안 의원이 하버드대에서 1년간 연구원 생활을 한 것을 두고, 본인이 하버드대 석사 학위를 가지고 있는 것처럼 학력을 속인 데 대해서는 벌금 80만 원을 선고했다. 결국 안 의원은 유죄이지만, 당선이 취소될 만큼의 죄는 아니라며 정치적 생명의 연장을 허락받았다.

너의 의심은 그 의심할 만한 증거가 믿을 만한가?

같은 거짓말이지만, 정봉주 전 의원의 거짓말은 왜 징역 1년의 유죄를 선고받은 걸까. 대법원 판결문을 뜯어보며, 재판부가 판단한 정봉주 전 의원의 유죄 선고 이유를 살펴보자.

우선 정봉주 전 의원을 처벌한 제250조 제2항은 다음과 같다.

제250조 허위사실공표죄

① 당선되지 못하게 할 목적으로 연설·방송·신문·통신·잡지·벽보·선전문서 기타의 방법으로 후보자에게 불리하도록 후보자, 그의 배우자 또는 직계존·비속이나 형제자매에 관하여 허위의 사실

을 공표하거나 공표하게 한 자와 허위의 사실을 게재한 선전문서를 배포할 목적으로 소지한 자는 7년 이하의 징역 또는 500만 원 이상 3천만 원 이하의 벌금에 처한다.

즉, 당선되지 못하게 할 목적이 있고, 허위의 사실일 때 처벌할 수 있다. 그렇다면 정봉주 전 의원이 주장한 내용은 허위사실인가. 정봉주 전 의원의 발언 가운데 문제가 된 사항은 크게 네 가지다. 큰 줄기는 이명박 당시 대통령 후보가 2001년 BBK라는 투자자문회사의 주가조작 사건에 연루돼 있다는 의혹을 입증하기 위한 정 전 의원의 '악전고투'다. 그 가운데 문제된 발언은 첫째, BBK 주가조작사건의 피의자 김경준 씨의 변호인이었던 박수종 변호사가 사임한 이유에 대해 2007년 11월 20일 인터넷언론 「데일리서프라이즈」의 한 기자와 "박 변호사가 본인이 자료를 확인한 후 이명박 후보가 기소될 수 있는 위중한 사안이라고 판단한 것 같다. 박 변호사는 이명박 후보자가 다칠 것으로 예상했던 것 같다. 1등 하던 사람이 3등이 되거나 구속이 되는 상황까지 고려한 것 같다"고 전화 인터뷰한 내용이 허위사실이라는 점이다.

둘째는 2007년 11월 29일 서울중앙지방검찰청 기자실에서 기자회견을 열고 "이명박 후보가 김경준과 결별했다고 밝힌 2001년 4월 이후에 김백준 씨 개인 계좌에서 김경준의 주가조작 범행에 동원된 페이퍼컴퍼니로 98억8천950만 원이 이체됐다"며 "김백준이 주가조작 및 횡령에 동원된 페이퍼컴퍼니의 존재를 몰랐다는 주장도 허위임이 밝혀졌다"고 주장한 점이다. 김백준 씨는 이명박 대통령의 최측근으로 분류되는 사람이다. 정 전 의원의 이런 기자회견은 같은 날 여러 언론이 보도했다.

셋째는 2007년 12월 3일 국회에서 기자회견을 열고 "이명박 후보가 2001년 4월 18일 김경준과 결별하였다고 하였으나 2001년 7월 23일자 LKe뱅크와 BBK 사무실의 원상회복 비용을 지출한 세금계산서와 신도리코 중부지점이 발행한 2001년 7월 21일자 세금계산서에는 이명박이 LKe뱅크의 대표이사로 기재되어 있는 등 2001년 4월 18일 이후에도 LKe뱅크의 대표이사로 활동하였으므로 김경준과 위장 결별하였고, 사업관계를 청산하였다는 이명박 후보의 주장은 100퍼센트 거짓말이다. 이명박 후보의 최측근 김백준은 BBK 부회장으로 월급까지 받았고, BBK 부회장 명의로 교보생명 사장 취임 축하 화환을 보냈으며, BBK의 리스크매니저로 등재되는 등 BBK와 무관하지 않음을 알 수 있다. 김백준은 이명박 후보가 김경준을 못 믿어 결별했다는 2001년 4월 18일 이후 주가조작 및 횡령의 창구였던 워튼스트레티지스에 100억 원을 빌려주었고 임대차계약을 체결하였다"라고 주장한 내용이다.

마지막으로 네 번째 허위사실 공표 내용은 "검찰은 수사결과 발표하면서 이명박이나 검찰에게 유리한 자료만 공개했다. 이 자료를 다 공개하면 BBK는 적어도 이명박, LKe가 지주회사로서 100퍼센트 소유하고 있기 때문에 이것은 이명박 것이다. 왜 이 자료는 공개하지 않나?"라고 말하고, 정 전 의원의 이 발언이 정동영 대통합민주신당 대통령후보자 대변인실 명의의 보도자료로 배포되어 같은 날 연합뉴스 등에 보도됐다는 점이다. 법원은 "정 전 의원이 마치 검찰이 수사결과를 발표하면서 이명박 후보자에게 불리한 김경준의 자필메모를 고의적으로 공개하지 아니하고 이명박 후보자가 BBK를 소유한 것처럼 발언하여, 간접적, 우회적 방법으로 이명박 후보자가 BBK를 소유하여 BBK와 관련된 주가조작 및 횡령 등의 범죄에 개입되어 있다는 사실을 암시함으로써, 당선되지 못하게 할 목적으로 방송, 신문, 통신, 잡지, 기타의 방법으로 이명박 후보자에게 불리하도록 이명박 후보자에 관하여 허위의 사실을 공표하였다"고 판단하고 있다.

이제 살펴볼 점은 이 내용이 허위인가, 아닌가 하는 점이다. 일단 이 내용은 허위임이 입증되지 못했다. 그동안 대법원은 허위사실 공표죄가 성립하려면 공표된 사실이 허위라는 점을 검사가 적극적으로 증명할 것이 필요하고, 공표한 사실이 진실이라는 증명이 없다는 것만으로는 이 죄가 성립할 수 없다고 판시해왔다.[9] 이말은 달리하면 공표한 사실이 '허위'일 때만 성립한다는 얘기다.

정 전 의원에게 징역 1년의 실형을 선고한 전수안, 양창수, 이상훈 세 명의 대법관은 직접 작성한 7,000자가 조금 넘는 판결문에서 이 판례들을 소개하고 있다. 그러나 이들은 해당 판례를 소개하고 불과 몇 글자 뒤에 앞서 적시한 판례를 뒤집는 건망증을 선보인다. 이런 식이다.

우선 기존의 판례를 설명한다. 허위사실의 증명은 검사가 해야 한다는 것이다.

공직선거법 제250조 제2항 소정의 허위사실 공표죄가 성립하기 위하여는 검사가 공표된 사실이 허위라는 점을 적극적으로 증명할 것이 필요하고, 공표한 사실이 진실이라는 증명이 없다는 것만으로는 위 죄가 성립할 수 없다. 이와 관련하여 그 증명책임의 부담을 결정함에 있어 어느 사실이 적극적으로 존재한다는 것의 증명은 물론이고 어느 사실의 부존재 사실의 증명이라도 특정기간과 장소에서의 특정행위의 부존재 사실에 관한 것이라면 여전히 적극적 당사자인 검사가 그를 합리적 의심의 여지가 없이 증명할 의무를 부담한다(대법원 2003. 11. 28. 선고 2003도5279 판결, 대법원 2004. 2. 26. 선고 99도5190 판결, 대법원 2006. 11. 10. 선고 2005도6375 판결 등 참조).

이어 민주주의 선거에서 '언론의 자유' 그리고 후보자에 대한 의혹을 제기할 자유는 봉쇄돼서는 안 되는 이유도 설명한다.

민주주의 정치제도하에서 언론의 자유는 가장 기초적인 기본권이고 그것이 선거과정에서도 충분히 보장되어야 함은 말할 나위가 없다. 공직선거에 있어서 후보자의 공직담당 적격을 검증하는 것은 필요하고도 중요한 일이므로 그 적격검증을 위한 언론의 자유도 보장되어야 하고, 이를 위하여 후보자에게 위법이나 부도덕함을 의심하게 하는 사정이 있는 경우에는 이에 대한 문제 제기가 허용되어야 하며, 공적 판단이 내려지기 전이라 하여 그에 대한 의혹의 제기가 쉽게 봉쇄되어서는 아니된다.

그러나 바로 다음 단락에서 이를 스스로 부정한다.

그러나 한편, 근거가 박약한 의혹의 제기를 광범위하게 허용할 경우 비록 나중에 그 의혹이 사실무근으로 밝혀지더라도 잠시나마 후보자의 명예가 훼손됨은 물론 임박한 선거에서 유권자들의 선택을 오도하는 중대한 결과가 야기되고 이는 오히려 공익에 현저히 반하는 결과가 되므로, 후보자의 비리 등에 관한 의혹의 제기는 비록 그것이 공직 적격 여부의 검증을 위한 것이라 하더라도 무제한 허용될 수는 없고 그러한 의혹이 진실인 것으로 믿을 만한 상당한 이유가 있는 경우에 한하여 허용되어야 하며, 그러한 상당한 이유가 있는 경우에는 비록 사후에 그 의혹이 진실이 아닌 것으로 밝혀지더라도 표현의 자유 보장을 위하여 이를 벌할 수 없다(대법원 2003. 2. 20. 선고 2001도6138 전원합의체 판결, 대법원 2007. 7. 13. 선고 2007도2879 판결 등 참조). 그리고 허위사실 공표죄에 있어서 의혹을 받을 일을 한 사실이 없다고 주장하는 사람에 대하여 의혹을 받을 사실이 존재한다고 적극적으로 주장하는 자는 그러한 사실의 존재를 수긍할 만한 소명자료를 제시할 부담을 지고, 검사는 제시된 그 자료의 신빙성을 탄핵하는 방법으로 허위성의 증명을 할 수 있다. 이때 제시하여야 할 소명자료는 위 법리에 비추어 단순히 소문을 제시하는 것만으로는 부족하고 적어도 허위성에 관한 검사의 증명활동이 현실적으로 가능할 정도의 구체성은 갖추어야 하며, 이러한 소명자료의 제시가 없거나 제시된 소명자료의 신빙성이 탄핵된 때에는 허위사실 공표로서의 책임을 져야 한다.

이런 방식으로 검사가 소명해야 할 '허위사실에 대한 적극성'은 '사실이라고 입증된 자료의 신빙성을 의심하면 되는 소극성'으로 바뀌었다. 정봉주 전 의원이 제기한 의혹들이 진실이냐 아니냐를 판단하는 대신, 정봉주 전 의원이 제시한 증거가 믿을 만한가 그렇지 않은가를 따지면 된다고 해석한 셈이다.

이에 따라 1심 재판부는 "의혹의 주요 근거는 김경준의 일방적인 주장과 그가 제시한 여러 서류들이었던 점, 이와 같은 의혹제기에 대하여 이명박 후보자는 물론 한나라당은 그러한 의혹이 근거 없는 것임을 누차 해명하면서 상당한 소명자료를 제시하여왔던 점, 김경준이 주장한 내용과 제시한 서류들 중 상당 부분은 신빙성에 문제가 많은 것임이 드러나고 있었고, 김경준은 여러 종류의 문서들을 위조하였다는 사문서위조의 범죄사실 등으로 체포영장이 발부되었던 점"으로 미루어보아 '충분히 소명되지 못한 의혹으로 허위사실을 공표했다'고 판단하고 있다. 그러나 정봉주 전 의원은 해당 의혹을 제기할 때, 그와 관련한 입증자료를 다 가지고 있었다. 그리고 이후에도 같은 주장을 계속 하고 있다. 그리하여, 정봉주 전 의원이 제기한 여러 의혹들의 진실은 정 전 의원이 감옥에서 복역 중인 지금도 여전히 '오리무중'이다.

무엇이 '비방'이고 무엇이 '허위'인가

이렇게 진실 여부를 다툼 중인 사실을 공표했다는 이유로 허위사실 공표죄가 인정된 예는 거의 없다. 가까운 사례를 보자. 2010년 6.2 지방선거에서 인천시장 재보궐 선거에 출마한 백석두 전 인천시장 후보는 당시 상대 후보였던 송영길 인천시장에 대한 의혹을 제기한다. 그는 선거 때 기자회견이나 보도자료 등을 통해 "송영길 후보가 국회의원 신분이던 2004년 8월 베트남 호치민시를 방문해 현지 진출을 추진하던 국내 모 대기업으로부터 술접대를 받고 17세 미성년자 여성과 성매매를 한 혐의로 베트남 공안당국에 단속됐으나 대사관에서 무마했다"는 등의 주장을 했다. 백 씨는 이 발언들로 인해 허위사실 공표죄로 기소됐고 1심과 2심에서 징역 8월에 집행유예 2년을 선고받았다. 그러나 백 씨의 발언 가운데 무죄로 선고된 부분이 있다. 2심 재판부였던 서울고법 형사2부(재판장 김용섭)는 "백 씨의 혐의 중 미성년자 성매매를 공표한 부분은 그 진위가 불분명해 무죄로 판단된다"며 "허위사실임을 입증할 책임은 검사에게 있는데, 제출된 자료만으로는 허위라는 점에 관해 합리적 의심을 배제할 정도로 입증됐다고 볼 수 없다"고 판시했다.

'성매매 혐의로 송영길 후보가 베트남 공안당국에 단속돼 대사관 등이 이를 무마했다', '송영길 후보가 국내 대기업으로부터 베트남 방문에 따른 모든 경비를 지원받고 뇌물을 받았다' 등 발언의 많은 내용이 송 시장이 베트남 방문 당시 비행기 요금과 호텔 숙박비를 개인적으로 지출한 것으로 확인됨에 따라 허위임이 입증됐지만 해당 발언의 연장선상에서 나온 성매매 행위가 있었는지 여부에 대해서는 합리적 의심이 가능하다고 판단했다. 그리고 그 이유는 제출된 자료를 보더라도 합리적 의심을 배제할 수 없고, 허위를 입증할 책임은 검사에게 있다는 것이다. 결국 진위가 불분명한 사실에 대해서는 허위사실 공표죄를 적용할 수 없으며, 합리적으로 의심할 만하면, 의심해도 된다는 것이 재판부의 판단이다.

'합리적 의심의 정당성'은 상식의 법감정이다. 공직선거에 있어서 후보자의 적격성을 검증하는 것은 필요한 일이고, 중요한 일이다. 이를 검증하기 위해 후보자에게 부도덕을 의심하게 하는 사정이 있는 경우 그에 대한 문제제기는 당연히 허용돼야 한다. 그 문제

제기가 현저하게 근거 없는 경우가 아니라면 말이다. 합리적 의심을 할 수 있는 근거가 있는 경우 합리적 의심을 함께 해보는 것, 그것이 선거의 활성화는 물론, 선거를 통해 자격 있는 지도자를 선출하기 위한 중요한 전제조건이다.

결국 정봉주 전 의원은 김경준이라는 당사자의 주장, 김백준 씨의 명함, 이명박 대통령이 광운대에서 했던 연설 등 수많은 증거를 갖고 합리적 의심을 했지만, 해당 증거의 신빙성이 배척된다는 이유로, 즉 '사실이 부존재한다'는 형이상학적 수사修辭가 동원된 논리적 사고에 따라, 유죄 선고를 받았다.

그동안 공직선거법은 '입은 열고 돈은 묶는다'는 취지로 개정돼 왔다. 그러나 허위사실 공표죄는 정봉주 전 의원의 사건에서 책임 입증을 누구에게 할 것인가, 허위를 무엇으로 볼 것인가 등에 대한 논란으로 공직선거법이 여전히 '입을 묶는' 기능을 하게 한다. 이에 대한 부작용을 개선하고자 박영선 민주통합당 의원 등은 일명 '정봉주법'을 제안했다.

그 법의 내용은 공직선거법 제250조 제1항과 제2항에 '허위경력 등 공표죄와 허위사실 공표죄의 구성 요건에 허위임을 알고도 후보자를 비방할 목적이 있어야 한다'는 요건을 추가하는 것이다. 또한 4항을 신설해 '허위경력 등 공표 행위와 허위사실 공표 행위가 진실한 사실이라고 믿을 만한 상당한 이유가 있고 공공의 이익을 주된 목적으로 하거나 그 행위가 공공성 또는 사회성이 있는 공적 관심사안에 관한 것으로써 사회의 여론형성 내지 공개토론에 기여하는 경우에는 처벌하지 아니한다'는 내용도 추가한다.

즉 정봉주 전 의원의 사건처럼 허위의 입증을 검사가 아닌 의혹 제기자에게 돌리는 상황이 재발하지 않도록 법안의 구성요건을 강화해 허위의 사실뿐만 아니라 진술자가 허위라고 인식하고 있었는지에 대한 입증책임이 검사에게 있음을 명확히 하는 것이다. 또한, 공직선거에 있어서 공직자 검증의 중요성을 고려하여 '비방의 목적'을 구성요건에 추가해, 공직선거에서 야당이 여당 후보에 대한, 혹은 여당이 야당 후보에 대한 증거가 있는 합리적 의혹 제기에 대해 법정으로 끌고 와 형사적으로 해결하는 행태를 막고자 함이다.

물론, 정반대의 흐름도 있다. 일명 '나경원법'이다. 이 법은 징옥임 새누리당 의원 등 11명의 의원이 발의했는데 반대로 제250조 허위사실 공표죄와 제251조 후보자 비방죄의 형량을 벌금형은 없애고 징역형으로만 강화하는 것이다. 이 법안은 허위사실을 공표한 경우 형량을 징역 1년 이상 징역 7년 이하, 후보자를 비방한 경우 징역 1년 이상 3년 이하로 제안하고 있다.

'나경원법'이 통과된다면 앞서 소개한 이지훈 씨 같은 경우도 트위터에서 욕을 쓴 이유로 감옥살이를 할 수 있다. 정옥임 의원은 이 법안 제안 이유에 대해 "최근 소셜네트워크서비스(SNS) 선거운동이 전면 허용돼 금년에 시행될 총선과 대선은 그 어느 선거보다 흑색선전이 난무할 조짐이 커지고 있는 상황"이라며 "SNS 등 인터넷을 포함한 방송, 통신, 신문 등의 방법으로 상대 후보자 및 그의 가족에 대한 허위사실을 공표하거나 배포를 목적으로 선전문서를 수지한 자에 대하여 벌금형을 삭제하고 1년 이상 7년 이하의 징역에 처하도록 하고, 후보자 및 그의 가족에 대한 비방을 하는 경우에도 1년 이상 3년 이하의 징역형에 처하도록 함으로써 악의적 흑색보도·선전의 불법성에 대한 사회적 인식을 제고하고 깨끗하고 공정한 선거문화 확산에 기여하려는 것"이라고 그 목적을 분명히 하고 있다.

'정봉주법'과 '나경원법'은 둘 다 국회에 계류 중이다. 2012년 공직선거법 개정안이 통과되면서, 인터넷을 통한 정치적 의견 개진은 허용되었지만, 그 의견 개진이 정확히 어느 욕까지 처벌 대상이 되는지 모호한 '비방인지 아닌지', 그 내용이 '허위인지 아닌지'에 대한 끊임없는 고민과 확인, 검토가 없는 한 '합법'이라고 확신할 수 없다. 트위터에 특정 정치인에 대한 사소한 욕설과 언론이 제기한 의혹에 대한 비판을 지속적으로 한다면 여전히 경찰과 검찰로부터 출두명령서를 받을 가능성이 있다.

2012년, 아직 전쟁은 끝나지 않았다.

02

선거법이
꿈틀거린다

1

누가 유명인이고,
누가 일반인인가?

Q. 선거일에 단순한 투표 참여 권유를 할 수 있나?

A. 일반인이 특정후보자에 대한 지지·반대를 권유·유도하는 내용이 아닌 단순한 투표참여 권유 행위 가능. 다만, 투표참여를 권유·유도하는 것만으로도 어느 후보자에게 투표하도록 권유·유도하려는 것으로 의도되거나 인식될 수 있는 사람이나 정당·단체는 불가.

선관위는 2011년 10.26 재보궐선거를 앞두고 공직선거법 관련 10문 10답을 발표했다.[1] 선관위는 선거를 관리하는 독립된 기관으로서 공직선거법에 대한 유권 해석과 전반적인 운용 업무를 수행한다. 선거가 공정하게 진행될 수 있도록 공직선거법 위반 행위에 대한 사전 예방과 감시, 단속을 진행하는 것은 선관위의 주요 임무 중 하나다. 자체적인 유권 해석을 바탕으로 공직선거법 위반 행위라고 판단했을 때 중지, 경고, 시정 명령과 함께 과태료를 부과할 수 있으며 선거의 공정성을 크게 해친다고 인정되는 행위에 대해 고발하거나 수사기관에 수사를 의뢰하기도 한다.

선관위가 발표한 10문 10답에서 논란이 되었던 것은 선거 당일 SNS를 이용한 투표 독려 행위와 관련된 선관위의 유권 해석이었다. 일반인은 선거 당일 SNS로 투표 참여를 권유할 수 있지만 투표 참여를 권유·유도하는 것만으로 어느 후보자에게 투표하도록 권유·유도하려는 것인지 인식될 수 있는 사람은 트위터나 페이스북 등에 투표 인증샷을 올리는 등의 독려 행위를 해서는 안 된다고 못 박았다. 도대체 투표 참여를 권유만 해도 누구를 찍으라고 하는 것

소셜네트워크의 등장은, 선거를 '관리'하는 입장에서는 선거의 공정을 해치고 흑색선전을 조장한다는 비판을 앞세워 경계심을 품게 했고, 선거운동에 참여하는 사람들에게는 새로운 공론의 장으로 환영받으며 정치적 의사표현의 자유를 보장하라는 목소리를 높이게 만들었다.

인지 인식될 수 있는 사람이란 누구란 말인가. 유권자들은 그런 사람이 누군지, 자신이 그에 해당되는지, 어디까지가 일반인인지 구분하기 어려워 고개를 갸웃거릴 수밖에 없었다.

인터넷 선거운동에 대한 선관위의 유권 해석이 처음은 아니었다. 선관위는 2007년 대통령 선거를 앞두고 '선거 UCC물에 대한 운용기준'을 발표한 적이 있다. 대통령 선거일 180일 전부터 선거일까지 후보자 또는 정당을 지지·추천·반대하는 내용을 담거나 정당 명칭이나 후보자 이름을 나타내는 UCC를 인터넷에 올리는 경우, 단순한 의견 개진을 넘어 선거에 영향을 미칠 수 있는 것으로 인정된다면 공직선거법 위반으로 처벌된다고 고지한 것이다. 2010년 지방선거를 앞두고는 '선거 관련 트위터 이용 가능 범위'를 제시했는데, '트위터를 이용해 특정후보 혹은 정당에 관한 지지, 반대를 표시하거나 선거운동정보가 담긴 트윗을 리트윗(RT)만 해도 선거에 영향을 미치는 것으로 인정되면 처벌 받는다'는 경고였다.

이런 선관위의 유권 해석이 있을 때마다 인터넷에서 정치적 표현을 어디까지 할 수 있는지, 그 범위를 두고 의견이 분분했다. 그러던 중, 2011년 10.26 재보궐선거 직전 선관위가 발표한 10문 10답을 계기로 논란은 심화되기 시작했다. 법률의 모호함을 해결하기보다 혼란을 한층 가중시키는 내용이었기 때문에 공감을 얻지 못했고 일반인과 유명인을 구분하겠다는 접근도 황당한 것이어서 조롱의 대상이 되었다. 선관위는 공직선거법이 규정하는 내용에 충실한 해석이라고 설명했지만 오히려 투표 독려자의 정치적 성향을 판별해 규제·단속하겠다는 의지로 비춰져 비난을 받았다. 누구를 찍었을지 온 국민이 다 알 수밖에 없는 대통령의 투표 장면을 보도하는 뉴스 영상이나 사진은 공직선거법 위반이 아니냐는 지적이 더 그럴 듯했다.

그럼에도 방송인 김제동 씨가 선거 당일 투표소에서 인증 사진을 찍어 트위터에 올린 것과 조국 서울대 교수가 트위터에 투표를 독려하는 트윗을 올린 것이 공직선거법 위반이라며 고발을 당했고 검찰의 수사를 받았다. 그러나 10.26 재보궐선거 당일 투표소를 배경으로 찍은 투표 인증샷은 트위터 등에 2만7천여 건 넘게 올라왔다. 선관위의 10문 10답이 오히려 유권자들의 인증샷 폭풍을 부른 것이다.

애매한 것을 더 애매하게 만드는 선거법

공직선거법이 어떻게 되어 있길래 선관위의 유권 해석이 이토록 논란이 되었던 것일까. 인터넷에 글을 올리는 행위를 처벌해 논란이 된 것은 공직선거법 제93조 '탈법방법에 의한 문서·도화의 배부·게시 등 금지' 조항의 제1항이다.

제93조 탈법방법에 의한 문서·도화의 배부·게시 등 금지

① 누구든지 선거일 전 180일부터 선거일까지 선거에 영향을 미치게 하기 위하여 이 법의 규정에 의하지 아니하고는 정당 또는 후보자를 지지·추천하거나 반대하는 내용이 포함되어 있거나 정당의 명칭 또는 후보자의 성명을 나타내는 광고, 인사장, 벽보, 사진, 문서·도화, 인쇄물이나 녹음·녹화테이프 그 밖에 이와 유사한 것을 배부·첩부·살포·상영 또는 게시할 수 없다.

이 조항에 '트위터'라는 말은 없다. 페이스북, 블로그, 미니홈피 등 이를 포괄하는 '인터넷'이란 문구도 없다. 그런데 어떻게 인터넷에 글을 쓰는 행위를 처벌할 수 있을까.

우선 주어가 '누구든지'다. 입후보 여부와 무관하게 국민이라면 누구나 법 적용 대상이 된다는 의미다. 누구든지 '선거일 전 180일부터 선거일 당일까지' '정당 또는 후보자를 지지·추천하거나 반대하는 내용' 또는 '정당의 명칭 또는 후보자의 성명을 나타낸'다면 문제가 될 수 있다는 것이다. '선거에 영향을 미치게 하기 위하여'라는 단서가 있지만 큰 의미를 두기는 어렵다. 선거를 앞두고 정당 또는 후보자를 지지·추천하거나 반대하는 내용이라면 자연스럽게 선거에 영향을 미칠 수밖에 없다. 따라서 이런 내용이 담긴 '광고, 인사장, 벽보, 사진, 문서·도화, 인쇄물이나 녹음·녹화테이프 그 밖에 이와 유사한 것을 배부·첩부·살포·상영 또는 게시'하는 행위를 금지하고 있는데 이를 어길 경우 3년 이하의 징역 또는 600만 원 이하의 벌금에 처해진다(공직선거법 제255조).

정치적 표현 행위를 모두 금지하는 것은 아니다. '이 법(공직선거법)의 규정에 의하지 아니하고는'이라는 조건을 두고 공직선거법에서 정한 방식이 아닌 그밖의 모든 행위를 처벌한다는 것이다. 선거일 180일 전부터 선거일 당일까지 선거에 관련된 표현 행위를 했는데, 그 형식과 방법이 공직선거법에 규정되어 있지 않으면 처벌된다. 촘촘한 저인망 그물과도 같은 법 조항의 상세한 내용을 알지 못하거나 애써 주의하지 않는다면 누구라도 하루아침에 선거사범이 될 수 있는 것이다. 2011년 12월 29일 이 조항에 대해서는 한정위헌 결정이 있었고, 그 취지에 따라 2012년 2월 27일 공직선거법이 개정되었다. 개정된 공직선거법은 인터넷 홈페이지 또는 그 게시판·대화방 등에 글이나 동영상 등을 게시하거나 전자우편·문자메시지 전송에 의한 사전 선거운동을 허용하고 있다.

'이 법이 규정하지 않은 것'과 '그 밖에 이와 유사한 것'

인터넷상의 표현의 자유를 금하는 데에 적용된 이 조항은 크게 두 가지 점에서 문제가 있다.

먼저 '누구든지 (…) 이 법의 규정에 의하지 아니하고는 (…) 할 수

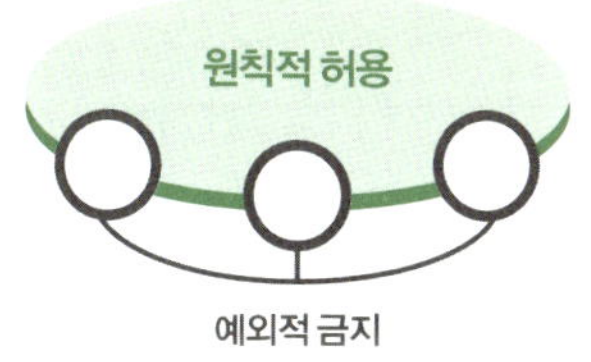

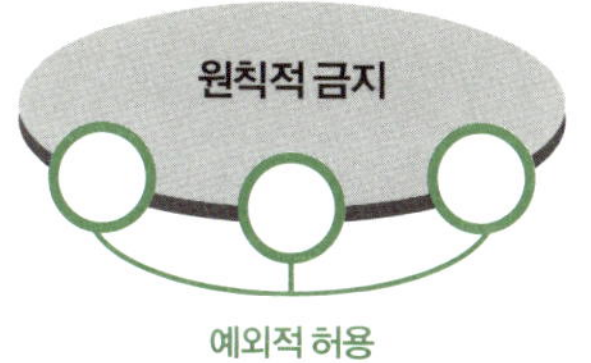

없다'는 규정이다. 이는 원칙적 금지, 예외적 허용 방식의 규제를 나타내는 것인데, 예외적으로 허용되는 행위가 아닌 이상 원칙적으로 금지하는 것이다.

A, B, C라는 '금지되는' 표현 행위와 방법을 구체적으로 나열한 후 그와 같은 행위를 했을 때 처벌하는 구조가 아니다. A, B, C라는 '허용되는' 표현 행위와 방법을 정하고, 그 외의 방식에 대해서 처벌하는 구조다. 원칙적으로 금지하는지, 허용하는지에 따라 금지의 범위와 강도는 천지 차이다. 원칙적인 금지를 선행 조건으로 놓았을 때 이것은 강력한 규제 방식으로 작동한다. 이러한 법 조항이 만들어진 것은 인터넷이 세상에 등장하기 이전이었다. 따라서 웹 페이지에 글을 쓰거나 콘텐츠를 만들어 올리는 행위에 대해 선거법에서 정하는 구체적인 규정이 없었다. 따라서 인터넷 공간에서 의견을 표현하는 것은 '이 법의 규정에 의하지 않은 것'이 되고, 결국 모두 처벌할 수 있다는 논리가 성립되는 것이다. 공직선거법에는 사실 원칙적 허용 방식을 취하는 것처럼 보이는 조항이 있다. "누구든지 자유롭게 선거운동을 할 수 있다. 그러나 이 법 또는 다

른 법률의 규정에 의하여 금지 또는 제한되는 경우에는 그러하지 아니하다"는 조항이다. 이 조항만 보면, 마치 공직선거법이 선거 운동에 대해 '원칙적 허용, 예외적 금지'의 방식으로 규제하고 있는 것 같지만 외견상 그렇게 보일 뿐이다. 원칙적 허용을 선언한 규정은 선거운동의 '주체'에 한정해 적용되는 선언적 규정이다. 실제 선거운동의 구체적 '방법'에 대한 개별 조항을 보면 여전히 '원칙적 금지, 예외적 허용'방식으로 설계되어 있다.

두 번째로 문제가 되는 것은 '그 밖에 이와 유사한 것'이라는 문구다. 과연 구체적으로 어떤 것들이 광고, 인사장, 벽보, 사진, 문서·도화, 인쇄물이나 녹음·녹화테이프와 유사한 것일까. 법 제정 당시에는 인터넷이라는 매체가 없었지만 해석하기에 따라 인터넷 게시물은 '그 밖에 이와 유사한 것'이 될 수 있다. 인터넷 매체의 속성을 어떻게 정의하느냐에 따라 유사할 수도, 그렇지 않을 수도 있다. 위반했을 때 3년 이하의 징역형에 처할 수 있는 강도 높은 금지 조항에 광범위하고 애매한 문구가 포함된 것부터가 논란의 불씨가 된 것이다.

현행 공직선거법에서 추구하는 원칙적 금지, 예외적 허용 방식의 금지 조항은 1958년 1월 25일 제정된 민의원선거법에서 도입됐다.[2] 민의원선거법은 강력한 규제 중심으로 고안되었다. 당시 법률에 따르면, '후보자' 또는 '선거사무장'이나 '선거운동원'이 아니면 어느 누구도 선거운동을 할 수 없었다. 후보자는 당해 선거구내 선거권자 중에서 선거사무장 1인을 선임하고, 후보자나 선거사무장은 당해 선거구의 1,500명 당 1명씩 선거운동원을 선임할 수 있는데, 이들 외에는 선거운동을 하는 것 자체가 불법이었다. 따라서 후보자나 선거사무장, 선거운동원으로 등록되지 않았는데도 특정 후보자가 당선되게 하거나 당선되지 못하게 하기 위한 행위를 하면 2년 이하의 징역, 금고 또는 20만 환 이하의 벌금에 처하도록 규정하고 있었다. 선거운동 자체가 이렇게 예외적으로만 허용되던 시절에는 포괄적 금지 조항이 오히려 자연스러운 법이었다.

1994년 3월 16일, 각 선거마다 개별로 만들어져 있던 선거법을 통합해 '공직선거 및 선거부정 방지법'이 제정되었는데, 이때 현재와 동일한 형태의 금지 조항이 만들어졌다. 2005년 8월 이름을 바꾼 현재의 '공직선거법'에도 동일한 내용이 고스란히 남아 있다. 명칭에서 '선거부정 방지'라는 표현을 떼어내 부정 방지에 치우친 데서 벗어나 균형을 잡으려 했지만, 속 내용은 별반 달라지지 않았다. 시대의 흐름을 제때 쫓아가지 못하는 법 조항은 반세기 넘게 우리 선거를 옥죄고 있다.[3]

이 조항을 둘러싼 초기 논란은 '그 밖에 이와 유사한 것'의 의미를 어떻게 볼 것인지에 모아졌다. 원칙적 금지, 예외적 허용 방식에 대한 근본적 고민보다는 새롭게 출현한 '인터넷'이 '그 밖에 이와 유사한 것'에 포함되는지가 쟁점이 되었다. 법률의 뜻을 최종적으로 해석할 권한을 지닌 대법원은 '그 밖에 이와 유사한 것'에는 인터넷도 포함한다고 풀이했다. 인터넷 홈페이지에 글을 올리는 행위도 이 조항 위반을 이유로 처벌할 수 있다고 판결했다. 인터넷이 보편화된 2004년, 2006년, 2007년, 2008년 같은 판결이 반복되었다.[4]

대법원은 이런 논거를 들었다.

첫째, '광고, 인사장, 벽보, 사진, 문서·도화, 인쇄물이나 녹음·녹화테이프 기타 이와 유사한 것'이라는 표현을 보면, 의사전달의 성질이나 기능을 가진 매체나 수단을 포괄적으로 규정하고 있다는 것이다. 인터넷 역시 의사를 전달하는 성질과 기능을 가진 매체나 표현이므로 여기에 포함된다고 보게 된다. 둘째, 무선정보통신으로 전달되는 것이 형체가 있는 물건이 아니라 '전자정보'에 해당하더라도, 문자와 기호를 사용하여 관념이나 의사를 다른 사람에게 전달하는 문서가 지니는 고유의 기능을 그대로 보유하고 있다는 것이다. 전자정보도 문서와 다를 바 없다는 취지다.

셋째, 컴퓨터가 보편적으로 보급되어 일상생활화된 이른바 정보통신시대에서 UCC는 종이문서 등을 대신하는 기능과 역할을 담당하고 있어 인터넷에 게시될 경우 선거에 미치는 영향이 문서 못지않으므로 역시 규제할 필요성이 크다고 보았다. 인터넷을 규제하는 것이 선거의 공정성을 보장하려는 공직선거법 규정의 입법 취지에도 부합한다는 것이다.

대법원은 이런 연유로 인터넷에 후보자를 지지·추천하거나 반대하는 내용 또는 정당의 명칭 또는 후보자의 성명을 나타내는 내용이 포함된 글이나 그림, 동영상을 올리는 행위는 이 조항 위배로 처벌받을 수 있다고 보았다.

이 조항이 포괄적이고 원칙적인 금지 형식을 취하고 있다는 문제점에 대한 깊은 고민은 없었다. 유권자의 정치적 표현의 자유 확대보다는 규제의 필요성에 방점을 찍었다.

이 조항은 허용되는 표현행위를 A라고 정하고 'A 아닌 행위'를 금지하고 있다. 'A 아닌 행위'의 범주를 정하는 데에 '그 밖에 이와 유사한 것'이라는 표현을 썼다. 선거운동의 자유에 대한 '원칙적 금지, 예외적 허용 방식'을 무너뜨리고 '원칙적 허용, 예외적 금지'로 바꾸는 것이 최선이지만, '그 밖에 이와 유사한 것'의 의미를 축소하는 방법이 차선이 될 수도 있다. '그 밖에 이와 유사한 것'이 포섭하는 범위를 해석으로 줄임으로써 이 조항에 의해 금지되는 행위를 축소시킬 수 있고 그만큼 인터넷상 표현의 자유가 확대되는 것이다. 그러나 대법원은 차선책마저 인정하지 않았다.

계속되는 헌법재판소의 합헌 결정

대법원 판결로 논란이 종식될 수는 없었다. 법률 문언에 대한 해석을 넘어 이 조항 자체에 대한 위헌 논란이 사그라지지 않았다. 선거일 180일 전부터 선거일까지 인터넷에 정당 또는 후보자를 지지·

추천하거나 반대하는 내용을 올렸다는 이유로 처벌하는 이 조항이 그 자체로 헌법에 반한다는 주장이 이어졌다. 헌재는 여러 번 심리를 했는데, 그때마다 합헌 결정을 했다.

2011년 12월 29일 한정위헌 결정을 할 때까지 헌재는 태도를 바꾸지 않았다. 2001년 8월 30일 첫 번째 합헌을 선고한 이래 2009년 7월 30일 합헌 결정에 이르기까지 10번 넘게 합헌을 반복했다. 한 번 합헌 결정이 있더라도 또 다시 위헌성을 다툴 수 있으므로 꾸준히 헌재의 심판 대상에 올랐으나, 헌재는 기존 입장을 고수했다. 마지막 합헌 결정인 2009년 7월 30일 결정에서는 이런 논리를 폈다.

우선 '그 밖에 이와 유사한 것'이라는 법률 문구가 '명확성의 원칙'에 위배되는지가 나두어졌다. 명확싱의 원칙은, 누구나 법률을 보면 처벌하고자 하는 행위가 무엇이며, 그에 대한 형벌이 어떠한 것인지를 예견할 수 있고, 그에 따라 자신이 어떻게 행동할지를 결정할 수 있도록 법률이 명확해야 한다는 헌법상 원칙이다. 쉽게 말해 코에 걸면 코걸이, 귀에 걸면 귀걸이가 되어서는 안 된다는 뜻이다. 누구나 어떤 물건을 보면 귀에 거는 것인지, 코에 거는 것인지 알 수 있어야 한다. 만일 형법법규의 내용이 애매모호하거나 추상적이어서 불명확하면 무엇이 금지된 행위인지를 알 수 없다. 그러면 법을 지키기가 어려울 뿐더러 범죄 성립 여부가 법관의 자의적인 해석에 맡겨지게 된다. 국민의 자유와 권리를 보장하려는 법치주의의 이념이 실현될 수 없다. 그렇기 때문에 만일 어떤 법률이 명확성의 원칙에 위배되면 그 법률은 위헌으로 무효가 된다.

이 조항의 경우, 누구나 이 조항만으로 후보자를 지지하거나 반대하는 트윗이나 인터넷 게시물이 '그 밖에 이와 유사한 것'에 게시하는 행위가 되어 처벌될 것이라고 예상할 수 있어야 한다.

헌재는 '그 밖에 이와 유사한 것'이라는 표현이 명확성 원칙에 위배되지 않는다고 했다. '그 밖에 이와 유사한 것'에 인터넷이 포함된다는 것을 누구나 명확하게 예상할 수 있다고 보았다. 매체의 형식과 상관없이 사람의 관념이나 의사를 시각이나 청각 또는 시청각에 호소하는 방법으로 다른 사람에게 전달하는 것이라면 이 조항이 금하는 범위에 포함된다는 것을 누가 봐도 예상할 수 있다는 것이다.

과잉금지원칙에 위배되는지 여부도 주요 쟁점이 되었다. 과잉금지원칙은 어떤 법률이 달성하려는 목적이 정당해야 하고(목적의 정당성), 그 목적을 달성하기 위해 적합한 수단을 선택해야 하고(수단의 적합성), 여러 수단 중에 피해가 최소한도로 발생하는 수단을 택해야 하고(피해의 최소성), 법률이 달성하려는 공익이 이 법률로 인해 침해되는 개인의 이익보다 더 커야 한다(법익의 균형성)는 헌법상의 원칙이다. 어떤 법률이 과잉금지원칙에 위배되면 역시 위헌으로 효력을 잃게 된다.

헌재는 목적의 정당성을 인정했다. 선거운동의 부당한 경쟁, 후보자들 간의 경제력 차이에 따른 불균형이라는 폐해를 막고, 선거의 평온과 공정을 해하는 결과가 생기지 않도록 함으로써 선거의 자유와 공정을 도모하는 것이 이 조항의 목적이며, 정당하다는 것이다.

수단의 적합성도 문제가 없다고 보았다. 인터넷에서 인신공격, 허위사실 적시를 통한 비방이 이루어지면 후보자의 당선 여부에 치명적 영향을 주고, 온라인 공간의 익명성, 개방성 때문에 선거권이 없는 19세 미만의 국민, 외국인의 선거운동이나 후보자 사칭 등의 허위표시에 유권자들을 그대로 노출시켜 선거의 공정을 치명적으로 해할 수 있다는 문제를 지적했다. 사후규제만으로 이러한 문제를 해소하기 어렵기 때문에 이 조항이 취하는 포괄적 규제 방법이 적합한 수단이라고 했다.

피해의 최소성 원칙 관문도 통과시켰다. '예비후보자나 후보자의 경우'와 '선거운동 기간 중'에는 UCC의 배포가 일부 허용되고 있으므로, 표현의 자유를 제한하면서 발생할 수 있는 피해가 최소화되어 있다고 보았다.

또한 이 조항에 의해 달성되는 선거의 공정과 평온이라는 공익은 민주국가에서 매우 크고 중요하다고 할 수 있는 반면, 그로 인한 기본권 제한은 참을 수 없을 정도로 큰 것은 아니라는 이유로 법익의 균형성도 갖추었다고 보았다. 따라서 과잉금지원칙에 위배하여 선거운동의 자유를 침해하지 않는다고 본 것이다.

헌법재판소, 결정을 뒤집다

그러나 2011년 12월 29일 헌재는 이 조항에 대해 한정위헌 결정을 내렸다. 종전 논리를 정면으로 뒤집은 것이다. 헌재가 스스로 결정한 내용을 어떻게 180도 바꿨는지를 살펴보는 것은 매우 흥미롭다. 우선 바뀐 결론은 이렇다.

> 선거법 제93조 제1항의 '그 밖에 이와 유사한 것'에, '정보통신망을 이용하여 인터넷 홈페이지 또는 그 게시판·대화방 등에 글이나 동영상 등 정보를 게시하거나 전자우편을 전송하는 방법'이 포함되는 것으로 해석하는 한 헌법에 위반된다.

헌법에 위반되는 법률해석은 허용되지 않으므로, 이 조항을 이유로 인터넷상의 표현을 처벌할 수 없게 된 것이다. 헌재는 정치적 표현의 자유가 얼마나 중요한지를 되새기면서 이야기를 풀어갔다.

시민의 선거참여가 없다면 대의민주주의를 상상할 수 없다. 그렇다면 선거에 참여한다는 것은 무엇일까. 단지 투표를 한다는 것에 불과할까. 그렇지 않다. 선거에 참여한다는 의미는 선거 과정에서 정치적 의견을 자유롭게 표현한다는 뜻이다. 선거에서 정치적 표현을 자유롭게 할 수 있을 때 대의민주주의가 작동할 수 있다. 헌재도 정치적 표현의 자유가 대의민주주의 존립 근거가 된다는 점에서, '자유를 원칙으로, 금지를 예외로' 해야 한다고 강조했다. 그렇기 때문에 선거의 공정을 보장하고 탈법·금권 혼탁선거를 방지하기 위해 부득이 법으로 정치적 표현의 자유, 선거운동의 자유를 제한하더라도 달성하려는 입법 목적과의 관련성이 구체적이고 명백한 범위 내에서 가장 최소한의 제한에 그치는 수단을 선택하지 않으면 안 된다고 선언했다.

헌재는 "정치적 표현의 자유가 억압당한다면 국민주권과 민주주의 정치원리는 공허한 메아리에 지나지 않게 될 것이므로 이를 제한하는 입법에 대하여는 엄격한 심사기준을 적용하여야 할 것"이라는 입장을 취했다. 헌재가 적용한 엄격한 심사기준은 정치적 표현의 자유가 문제되는 다른 사건에 얼마든지 응용할 수 있다.[5]

모기를 보고 장검을 뽑아서는 안 돼

입법을 할 때에는 추구하는 목적에 '적합한 조치'를 취할 의무가 있다. 입법자가 선택하는 수단은 목적을 달성하는 데에 필요하고 효과적이며 상대방에게는 최소한의 피해를 줄 때 한해 정당성을 지닌다. 모기를 보고 번쩍번쩍한 큰 칼을 옆구리에서 빼어 든다면 모기 잡으려다 멀쩡한 사람을 잡을 수도 있다. 목적이 아무리 정당하다고 해도 '적합한 수단'을 선택하지 않으면 위헌이다. 앞서 본

수단의 적합성 원칙이다.

헌재는 이 조항을 인터넷에 적용하는 것이 '적합한 수단'이 아니라고 했다. 여기서부터 종전 합헌의 논리를 완전히 뒤집었다. 인터넷상의 정치적 표현을 금지하고 처벌하는 것은 적합하지 않은 수단이라는 것이다. 수단의 적합성 원칙에 위배된다는 것이다. 후보자간 경제력 격차를 해소한다는 명분은 인터넷 규제를 정당화시킬 수 없다. 인터넷은 누구나 손쉽게 접근 가능한 매체여서 인터넷을 이용하는 데에는 돈이 많이 들지 않는다. 설령 비용이 들더라도 상대적으로 저렴해서 선거운동 비용을 획기적으로 낮출 수 있는 정치공간으로 평가받고 있다. 인터넷은 '기회의 균형성, 투명성, 저비용성의 제고'라는 공직선거법의 목적에 오히려 부합하는 특성이 있다. 후보자 간 경제력 차이에 따라 인터넷에서의 활동 격차가 벌어진다고 보기 어렵다.

인터넷 매체를 통한 정치적 표현이나 선거운동이 선거운동 기간 외에도 허용되면, 인터넷 선거운동을 위한 선거운동원 추가 고용, 관리조직 구성 등으로 비용이 증가해서 경제력에 따른 선거운동의 불균형을 초래할 가능성이 있으므로 이를 금지해야 한다는 주장도 받아들이지 않았다. 별도의 규제조항이 있기 때문이다. 공직선거법에는 정당 및 후보자, 예비후보자의 선거운동기구의 설치, 선거사무관계자의 선임 및 수당과 실비지급 등에 관하여 상세한 규율이 있고, 위반하는 경우 처벌하도록 하는 등 직접적인 규제

조항이 따로 마련되어 있으므로, 개별 조항으로 대처할 문제라고 보았다. 직접적인 별도 조항이 있는데 이 조항에서 굳이 중첩적으로 규제할 필요가 없다는 것이다. 경제력 격차 해소는 인터넷상 표현의 자유를 포괄적으로 금지하려는 평계에 지나지 않는다고 보았다.

인터넷상 표현의 자유를 금지한다고 해서 부당한 경쟁을 막는 데에 도움이 되는 것도 아니라고 보았다. 선거에서 부당경쟁은, 금권, 폭력, 허위사실 유포를 앞세워 당선되려는 것이다. 금권, 폭력에 의한 선거는 그 자체로 인터넷과 별 관련이 없다. 인터넷은 경제력 차이에 따른 불균형이 적은 공간이고, 가상의 사이버 공간에서 유형력 행사라는 폭력이 행해지지는 않기 때문이다. 결국 인터넷을 규제해서 방지하려는 부당경쟁은 세 번째 유형, 후보자에 대한 인신 공격적 비난, 허위사실 적시를 통한 비방 등 무분별한 흑색선전이 난무해 공정을 해하는 행위가 될 것이다. 앞서 본 것처럼 종래 헌재도, 후보자에 대한 인신공격적인 비난, 허위사실, 유언비어를 통한 후보자에 대한 비난이나, 19세 미만의 국민이나 외국인들의 선거운동, 후보자 사칭 등 허위표시를 방지하기 위해 인터넷 규제가 필요하다는 견해를 취했었다.

그러나 이번 결정에서 기존 견해는 잘못된 것이라며 번복했다. 인터넷상에서 인신공격적 비난을 하거나 허위사실 적시를 통한 비방을 하거나 선거운동을 할 수 없는 자가 선거운동에 포함되는 글을 올린 경우, 정작 이 조항이 적용되지 않기 때문이다. 공직선거법에는 이미 누구든지 선거운동을 위하여 후보자(후보자가 되려는 자 포함), 후보자의 배우자와 직계존·비속이나 형제자매의 출생지·신분·직업·경력 등·재산·인격·행위·소속단체 등에 관해 허위의 사실을 공표할 수 없도록 정하는 별도의 법 조항이 있다. 허위사실을 공표하거나 후보자를 비방하는 경우, 선거운동을 할 수 없는 자가 선거운동을 하거나 하게 한 자를 형사처벌하도록 규정하고 있는 것이다. 이 조항의 위배에 대한 처벌조항보다 법정형이 높다.

자세히 따져보면, 이 조항은 반칙이 아닌 경우, 즉 '선거운동을 할 수 있는 사람'이 후보자나 정당에 대한 지지·반대견해를 표시했으나 '허위사실, 비방 등이 포함되지 않은 경우'에만 적용해 처벌하는 것이다. 그렇다면 이 조항은 흑색선전을 통한 부당한 경쟁의 방지라는 목적과 아무 관련이 없는 것이다. 반칙의 유형과 반칙

공직선거법 제93조 제1항에 대한 헌재의 한정위헌 결정이 내려지자 유권자 자유 네트워크 등의 시민단체가 헌법재판소 앞에서 기자회견을 열고, 정치적 의사 표현의 자유를 보다 포괄적으로 요구했다.

에 대한 처벌 규정이 이미 마련되어 있다. 그런데도 반칙을 할지도 모르니 아예 경기에 출전하지 못하도록 금지하는 것은 적합한 조치가 아니라고 볼 수 있는 것이다.

'평온'보다 중요한 것은 자유와 공정

선거운동을 할 수 없는 자의 선거운동, 비방·허위사실 공표를 처벌하는 개별 규정은 사후적 규제에 불과하므로, 이 조항이 꼭 필요하다는 견해도 틀린 것이라고 했다. 이 조항도 사전규제는 아니기 때문이다. 이미 인터넷상에 어떤 글이나 사진·동영상이 게시된 후에 처벌하는 조항일 뿐이다.

게다가 사전규제를 하기보다는 자정기능에 맡기는 방식이 표현의 자유를 위해 더 좋은 방법이다. 그런 점에서 선거일에 더 가까운 선거운동 기간 중에는 누구에게나 인터넷을 이용한 선거운동을 허용하면서, 180일 전부터는 인터넷상 표현의 자유를 전면금지하는 것은 설득력이 없다. 선거와 시간적 거리가 더 떨어져 있을수록 흑색선전을 교정할 여유가 있는데, 선거일로부터 멀리 떨어진 일정 기간만 제한하는 것은 비합리적인 태도다.

선거운동 기간 외에도 인터넷상 정치적 표현 내지 선거운동을 상시적으로 허용한다면 조기과열로 선거의 평온이 저해될 우려가 있다는 주장도 수용하지 않았다. 선거의 공정과 균등한 기회의 보장은 헌법 제114조 제1항,[6] 제116조 제1항,[7] 공직선거법 제1조[8] 등에 의해 명시적으로 요구되는 헌법적 요구다. 이에 비해 선거의 '평온'은 이와 동등한 차원의 공익으로 보기 어렵다는 것이다. 민주주의 사회에서 선거를 치르는 것은 국민주권주의 실현 과정, 국민의 가치결단 표현 과정, 국정수행 대표자에 대한 검증 과정으로서의 의미를 지닌다. 그렇기 때문에 선거 과정에서 생기는 정치적 관심과 열정 표출을 반드시 부정적으로 볼 것은 아니다.

더구나 인터넷을 이용한 정치적 표현은 접하는 사람의 의사에 반해 정보를 받아들이게 되는 것이 아니라는 점에 주목했다. 자발적, 적극적으로 클릭한 경우에 정보를 수용하게 된다는 점에서 선거의 평온을 해할 가능성이 크지 않다는 것이다.

결국 헌재는 이와 같은 논리로, 인터넷 매체의 특성 및 기능, 이 조항이 선거법에서 차지하는 역할 등을 고려할 때 선거일 전 180일부터 선거일까지 인터넷상 일정한 내용의 정치적 표현 내지 선거운동을 일체 금지하는 것은 입법 목적 달성을 위한 적합한 수단이 아니라고 판단했다. 목적이 정당하다고 해서 수단이 정당화되는 것은 아니다. 모로 가도 서울만 가면 되는 것이라는 말은 우리 헌법이 받아들이지 않는다.

설령 적합한 수단을 선택했다고 가정해보더라도 그것으로 충분하지 않다. 목적을 달성하기에 적합한 여러 수단 중에서 되도록 국민의 기본권을 최소로 침해하는 수단을 선택해야 하는데 이러한 원칙에도 위배된다고 보았다. 대통령 선거, 국회의원 선거, 지방선거가 순차적으로 맞물려 돌아가는 현실에 비추어 보면, 기본권 제한의 기간이 지나치게 길다는 것이다.

가령 최근 주요 선거 일정을 보면, 2007년 12월 19일 17대 대통령 선거, 2008년 4월 9일 18대 국회의원 총선거, 2008년 6월 4일 국회의원 재보궐선거, 2008년 10월 29일 국회의원 재보궐선거, 2009년 4월 29일 국회의원 재보궐선거, 2009년 10월 28일 국회의원 재보궐선거, 2010년 6월 2일 전국 동시지방선거, 2011년 4월 27일 지방선거 재보궐선거, 2011년 10월 26일 지방선거 재보궐선거, 2012년 4월 11일 19대 국회의원 총선거, 2012년 12월 19일 18대 대통령 선거가 치러졌거나 치러질 예정이다.

이처럼 선거가 연속되는 상황에서, 선거일 전 180일부터 선거일까지 장기간 동안 인터넷상 정치적 표현을 금지하는 것은 모바일 웹을 포함한 인터넷 공간에서 일상적인 의사소통을 하고 있는 국민들의 정치적 표현의 자유를 상시적으로 제한하는 조항이 될 수밖에 없다.

예를 들어, 선관위는 2010년 6월 지방선거를 앞두고, 4대강 사업 반대나 무상급식과 같은 사안은 선거쟁점이기 때문에 설령 과거부터 논란이 있었고 시민단체나 정부의 관련활동이 종전부터 계속되었다고 하더라도 선거쟁점에 해당하는 한 공직선거법에 따라 활동이 제한된다는 해석을 했다. 이렇게 되면 공직선거법은 정치적 표현의 자유를 일상적으로 제한하는 법으로 둔갑하고 만다.

또한 인터넷상의 선거운동을 상시적으로 허용하는 것을 전제로 한 폐해 방지책은 입법화되었는데, 정작 유권자들의 인터넷상 표현의 자유를 상시적으로 허용하는 방안은 입법화되지 못한 점을 지적했다. 선관위는 2003년 7월 정치관계법 개정의견에서, 이 조항에 의한 인터넷상의 규제를 없애고 인터넷상의 선거운동을 상시적으로 허용하는 것을 전제로 하여 폐해 방지책을 제안했고 세부적 규제가 도입되었다. 가령 이런 조항이다.

각급선관위는 공직선거법에 위반되는 정보가 인터넷에 게시되거나 정보통신망을 통해 전송되는 사실을 발견하면, 그 정보가 게시된 인터넷 홈페이지 관리·운영하는 자, 정보통신서비스제공자에게 해당 정보 삭제 등을 요청할 수 있다(2012년 2월 29일 개정으로 후보자도 삭제요청을 할 수 있게 되었다). 이러한 조치를 적시에 실효성 있게 확보하기 위해 사이버선거 부정감시단도 상시적으로 운영되고 있다.

선거운동 기간 중 인터넷 언론사 게시판·대화방 등에 정당, 후보자에 대한 지지, 반대의 문자 등 정보를 게시할 수 있게 되면, 실명을 확인하는 기술적 조치를 취하도록 하고 있다. 인터넷 언론사에도 공정보도 의무를 부과하고, 선관위가 운영하는 인터넷 선거보도 심의위원회는 인터넷 언론사의 선거보도가 공정하지 않다고 인정하면 해당 언론사에 정정보도문의 게재 등 필요한 조치를 명해야 하고, 이러한 조치의 통보를 받고 이를 이행하지 않은 자는 2년 이하의 징역 또는 400만 원 이하의 벌금에 처하도록 규정하고 있다.

인터넷상 표현을 상시적으로 허용하는 개정이 되지 않았는데도, 이를 전제로 한 통제 장치들은 잔뜩 도입되었던 것이다. 이와 같은 중첩적 규제는 피해의 최소성 원칙에 위배된다.

유권자의 정치적 표현 내지 선거운동 속에 비방·흑색선전 등의 부정적 요소가 개입될 여지가 있다고 해서 '일정한 기간 정치적 표현을 전면적으로 금지'하는 것도 정당화될 수는 없다고 보았다. 언론의 정파성, 선정성, 또는 불공정한 보도로 선거의 공정이 해쳐질 우려가 있다고 해서 '일정한 기간 선거관련 보도를 일률적으로 금지'할 수 없는 것과 같은 이치다. 기존 매체를 통한 일방적인 정보 전달을 넘어 인터넷을 통한 참여 기회와 범위가 넓어질수록 보다 충실한 공론 형성을 기대할 수 있을 것이다. 따라서 인터넷상 유권자의 정치적 표현의 자유는 실질적 민주주의의 구현을 위해 오히려 적극 장려되어야 한다.

결국 헌재는 어떤 문제가 구체적으로 발생하거나 또는 임박하게 된 경우 그 문제점에 따라 필요한 최소한의 범위에서 규제책을 모색하여 대응하면 될 것이지, 이 조항과 같이 일반적·포괄적 금지 조항으로써 인터넷상 정치적 표현이나 선거운동 일체를 일정한 기간 전면적으로 금지하고 처벌하는 것은 피해의 최소성 요건을 충족시키지 못한다고 보았다. 설령 인터넷 규제가 목적달성을 위한 적합한 수단이라고 가정해보더라도, 과도한 피해를 일으키는 조항이기 때문에 헌법적 한계를 벗어난 것이다.

얻는 것보다 잃는 게 많다

이 조항을 통해 얻어야 하는 것은 무엇인가. 우선 공직선거법을 만든 목적을 달성해야 한다. 공직선거법은 '선거가 공정히 행하여지도록 하고 선거와 관련한 부정을 방지함'을 목적으로 한다고 적고 있다. 그러나 이것이 전부는 아니다. 선거 공정성을 확보하고 선거 관련 부정을 방지하는 것을 종국적 목표로 볼 수는 없다. 궁극적 목적은 선거를 잘 치러서 민주정치 발전에 기여하는 것이다. 그렇기 때문에 이 조항의 법익균형성을 판단할 때 고려할 공익은 선거의 공정과 평온만으로 부족하다. 국민의 선거참여를 통한 민주주의의 발전 및 민주적 정당성 제고라는 목적까지 감안해야 한다.

이런 점에서 볼 때, 이 조항으로 얻을 수 있는 공익은 불투명하고, 침해되는 사익은 구체적이고 분명하다. 인터넷에 대한 과잉규제는 선거참여에 걸림돌이 될 수 있으므로, 오히려 민주주의 발전 및 민주주의 정당성을 해하는 것이 아닌지 의문이 든다. 반면 인터넷을 이용한 의사소통이 보편화되고 각종 선거가 빈번한 현실에서, 선거일 전 180일부터 선거일까지 장기간 동안 인터넷상 정치적 표현의 자유 내지 선거운동의 자유를 전면적으로 제한함으로써 생기는 불이익은 매우 구체적일 수밖에 없다. 법익 균형성 요건도 갖추지 못하게 된다.

헌재의 한정위헌 결정 뒤에도 선관위는 다시 한 번 비웃음을 샀다. 2012년 1월 25일 선관위는 선거운동 기간이 아닌 기간에 '카카오톡'을 보내는 것은 허용되지만 '문자메시지'를 보내는 것은 허용되지 않는다는 유권해석을 했다. 카카오톡은 일종의 전자우편이므로, 한정위헌 결정으로 금지가 풀렸지만, 문자메시지는 그렇지 않으니 여전히 묶여 있다는 취지다. 카카오톡은 되지만 문자메시지는 안 된다는 지침이 대중의 공감을 얻을 수는 없었다. 상식에 맞지 않는 법은 희화화된다. 사람들은 선관위의 기묘한 뇌구조를 이해할 수 없다며 비아냥거렸다.

선관위는 이와 같은 문제를 잘못된 입법 탓으로 돌리며 같은 해 1월 31일 법 개정을 촉구했다. "헌법재판소의 한정위헌 결정에 따라 선관위가 인터넷 선거운동을 상시 허용하는 것으로 운용기준을 결정하였지만, 이와 관련된 다른 규제조항이 여전히 남아 있어 이를 방치할 경우 국민들에게 큰 혼란을 초래할 우려도 있다"면서 규제를 정비해달라는 의견을 국회에 냈다. 2012년 2월 29일 공직선거법이 개정되어, 선거운동기간이 아닌 때에 문자메시지를 보

문자메시지(오른쪽)와 스마트폰 어플리케이션인 카카오톡(왼쪽)의 형태는 거의 같다. 그러나 선관위는, 카카오톡은 헌법재판소가 한정위헌 결정을 내린 전자우편에 해당되지만, 문자메시지는 여전히 허용되지 않기 때문에 금지한다고 밝혀 논란이 일었다.

낼 수 있도록 허용되어 적어도 문자메시지를 둘러싼 혼란은 정리되었다. 그러나 이처럼 일부 선거법 조항을 임시방편으로 고치는 수준으로는 헌재 결정으로 시작된 변화를 온전히 담아낼 수 없다. 원칙적 금지 구조를 그대로 둔 채 예외적으로 허용하는 범위를 늘려가는 방식을 취하는 이상 선거를 치를 때마다 논란이 끊이지 않을 것이다.

그동안 공직선거법 개정과 해석에 대한 논의는 '뽑히려는 자', 그러니까 후보자 중심이었다. 유권자들은 투표 외에 할 수 있는 일이 별로 없었다. 가만히 지켜보고 있다가 투표나 하라고 하니, 투표

율도 높을 리 없었다. '후보자' 또는 '후보자가 되려는 자'에게 허용되는 선거운동의 범위는 꾸준히 확대되어 왔지만, 유권자 선거운동에 대한 규제는 완화되지 않았다. 시민의 정치적 표현 욕구가 증대되고 인터넷에 바로 접속할 수 있는 스마트폰의 보급으로 인터넷상 표현이 대중화, 일반화되고 있는데도 이러한 시대변화를 반영하는 입법조치가 이루어지지 못했다. 기존 오프라인 시대에 후보자들의 선거운동을 규제하기 위해 도입되었던 이 규정이 인터넷 공간에 그대로 적용되고, 더구나 유권자를 규제하는 데에 적용되면서 선거법은 낙후성을 벗어나지 못하고 있다.

이제 유권자 중심의 공직선거법으로 판을 바꿔야 한다. 기존 헌재가 합헌 결정을 내린 사건들은 모두 후보자나 후보자가 되려는 자가 제기한 것이다. 그러나 헌재가 태도를 변경한 이번 사건에서는 청구인들이 모두 일반 유권자였다. 헌정위헌 결정은 모순의 끝이 아니라 시작일 뿐이다. 종착지에는 유권자 중심의 공직선거법이 있을 것이다.

종래 선거의 동력은 시민들 중에 탁월한 자질을 갖춘 인물을 선출한다는 결과를 갈망하는 것이었다. 그러나 최근에는 뛰어난 사람을 뽑고 그에게 통치를 맡기는 것 자체에 민주주의의 의미가 있다고 보기 어렵다는 시각이 우세하다. 오늘날 선거는 민주적 정당성을 부여하는 과정으로서 더 큰 의미가 있다. 수년에 한 번씩 통치자에 대해 책임을 묻고 정책방향에 대한 찬반과 선호를 표현하는 기회의 장으로 이해된다. 선거제도의 본질에 더 다가서기 위해서도 유권자 중심의 공직선거법으로 새롭게 디자인 되어야 한다. 유권자가 어쩔 수 없이 한정된 자료만으로 도박하듯 투표를 한다면, 정당한 가치보다 매우 낮은 가치로 표를 처분하는 셈이 된다.

2
규제 중심의 선거법을
굴리는 두 바퀴

선거운동 정의와 선거운동 기간 제한

규제 중심의 선거법은 두 바퀴로 굴러간다. 첫 번째 축은 '선거운동'을 정의하는 것이다.

제58조 정의 등

이 법에서 "선거운동"이라 함은 당선되거나 되게 하거나 되지 못하게 하기 위한 행위를 말한다. 다만, 다음 각 호의 1에 해당하는 행위는 선거운동으로 보지 아니한다.

1. 선거에 관한 단순한 의견개진 및 의사표시
2. 입후보와 선거운동을 위한 준비행위
3. 정당의 후보자 추천에 관한 단순한 지지·반대의 의견개진 및 의

사표시

4. 통상적인 정당활동

5. 특정 정당 또는 후보자(후보자가 되려는 사람을 포함한다)를 지지·추천하거나 반대하는 내용 없이 투표참여를 권유하는 행위(호별로 방문하는 경우 또는 선거일에 확성장치·녹음기·녹화기를 사용하거나 투표소로부터 100미터 안에서 하는 경우는 제외한다)

누구를 '당선되거나 되게 하거나 되지 못하게 하기 위한 행위'를 '선거운동'이라고 정의한다. 그러면서 '선거에 관한 단순한 의견개진 및 의사표시' 등 선거운동이 아닌 행위를 열거해 선거운동과 구별하고 있다. 만일 선거운동을 정의하지 않는다면, 금지되는 행위 A, B, C, D 등을 나열하고 각각의 행위를 규제할 수밖에 없을 텐데, 선거운동을 정의함으로써 그 외의 행위를 금지하고 처벌할 수 있게 된다. 일반적·포괄적 규제가 가능해지는 것이다.

두 번째 축은 '선거운동 기간 제한'이다. 기간을 제한함으로써 기간 외의 행위를 포괄적으로 금지하고 예외적으로만 허용해줄 수 있게 된다. 선거별 선거운동 기간은 대통령 선거 23일, 국회의원 선거와 지방자치단체의 의회의원 및 장의 선거는 14일로 정하고 있다. 대통령 선거에서는 선거일 전 24일, 국회의원 선거와 지방자치단체의 의회의원 및 장의 선거에서는 선거일 전 20일부터 2일간 후보자 등록을 할 수 있도록 하고, 대통령 선거는 후보자 등록 마감

일의 다음 날부터 선거일까지, 국회의원 선거와 지방자치단체의 의회의원 및 장의 선거는 후보자 등록 마감일 후 6일부터 선거일까지를 '선거운동 기간'으로 제한하고 있다.

제59조 선거운동 기간

선거운동은 선거기간 개시일부터 선거일 전일까지에 한하여 할 수 있다.[9]

선거운동 기간을 위반한 경우, 처벌하는 규정도 두고 있다.

제254조 선거운동 기간 위반죄

① 선거일에 투표마감 시각 전까지 선거운동을 한 자는 3년 이하의 징역 또는 600만 원 이하의 벌금에 처한다.

② 선거운동기간 전에 이 법에 규정된 방법을 제외하고 선전시설물·용구 또는 각종 인쇄물, 방송·신문·뉴스통신·잡지, 그 밖의 간행물, 정견발표회·좌담회·토론회·향우회·동창회·반상회, 그 밖의 집회, 정보통신, 선거운동기구나 사조직의 설치, 호별방문, 그 밖의 방법으로 선거운동을 한 자는 2년 이하의 징역 또는 400만 원 이하의 벌금에 처한다.

선거기간 개시일부터 선거일 전일까지만 선거운동을 할 수 있도록 함으로써, 선거 당일에 선거운동을 하거나 선거운동 기간 전에 선거운동을 하면 원칙적으로 처벌하고 있다. 이처럼 선거운동의 개념과 선거기간 제한을 뿌리 삼아 여러 금지 조항이 파생된다.

원칙적 금지, 예외적 허용

선거운동을 정의하고 선거기간에 제한을 두는 것은 규제 중심 선거법의 기틀이 된다. 이 두 가지 틀을 씨줄과 날줄 삼아 원칙적 금지, 예외적 허용 방식의 구조를 공고히 짜고 있다. 선거운동을 정의하고 기간에 제한을 두고 나니, 포괄적·원칙적 금지가 가능해지는 것이다. 법 조항을 자세히 들여다보자.

누구든지 선거기간 중에는 선거운동을 위하여 저술·연예·연극·영화 또는 사진을 선거법에 규정되지 아니한 방법으로 배부·공연·상연·상영 또는 게시할 수 없다. 이를 위반하면 3년 이하의 징역 또는 600만 원 이하의 벌금에 처한다. [10]

누구든지 선거법의 규정에 의하지 아니하고는 방법의 여하를 불문하고 방송시설을 이용하여 '선거운동'을 위한 방송을 하거나 하게 할 수 없다. 이를 위반하면 3년 이하의 징역 또는 600만 원 이하의

벌금에 처한다.[11]

누구든지 선거법의 규정에 의하지 아니하고는 '선거기간' 중 교통수단·건물 또는 시설안의 방송시설을 이용하여 '선거운동'을 할 수 없다. 이를 위반하면 3년 이하의 징역 또는 600만 원 이하의 벌금에 처한다.[12]

누구든지 '선거기간' 중 이 법의 규정에 의하지 아니하고는 녹음기나 녹화기(비디오 및 오디오기기를 포함한다)를 사용하여 '선거운동'을 할 수 없다. 이를 위반하면 2년 이하의 징역 또는 400만 원 이하의 벌금에 처한다.[13]

누구든지 '선거기간' 중 선거법에 규정되지 아니한 방법으로 선거권자에게 서신·전보·모사전송 그 밖에 전기통신의 방법을 이용하여 '선거운동'을 할 수 없다. 이를 위반하면 3년 이하의 징역 또는 600만 원 이하의 벌금에 처한다.[14]

대표적인 선거운동 금지 조항을 옮겨본 것이다. 예외적으로 허용되는 행위를 열거하고 그 외 행위는 포괄적으로 금지하는 방식을 취하고 있다. '이 법 규정에 의하지 아니하고는', '이 법에 규정되지 아니한 방법으로'라는 단서를 다는 방식으로, 공직선거법에서 허용하지 않는 것을 원칙적·포괄적으로 금지하고 있다. 어떤 행위가 허용되는지 알려면 복잡한 법 조항을 하나씩 따져볼 수밖에 없다.

사실 이쯤 되면 유권자는 선거에 관심을 끊고 가만히 있으라는 뜻이나 다름없다. 아무리 선거에 관심이 있어도 적극적으로 의견을 표현하는 것은 위험하다. 술자리에서 한마디 하는 것에서 나아가 뭔가 의미 있는 일을 더 해보려고 하면 덫에 걸릴 수 있다. 당선되면 좋겠다고 생각하는 후보자를 위해 괜한 활동을 했다가는 전과자가 되기에 딱 좋다. 섣불리 마음에 드는 후보자를 지지하거나 당선되지 않기를 바라는 후보자를 반대하는 행위를 했다가는 수사기관의 소환통보를 받을 수도 있다. '선거에 관한 단순한 의견개진 및 의사표시'는 선거운동이 아니라고 하지만, 의사표시와 선거운동을 명확하게 구분하기란 쉽지 않다. 또한 당신의 주장과 수사기관의 생각은 다를 가능성이 높다. 법원도 당신의 견해에 동조하지 않을 수 있다.

결국 '원칙적 금지, 예외적 허용'이라는 굴레에서 벗어나 유권자 중심의 법을 만들려면 두 가지 전제조건이 충족되어야 한다. 선거운동을 정의하지 않고, 선거운동 기간을 제한하지 않아야 한다.

정치적 표현의 자유를 제한하기 위해, 유권자를 처벌하기 위해, 이러한 목적으로 선거운동을 정의하는 것은 온당하지 않다. 규제 중심의 공직선거법에 문제를 느끼던 이들은 선거운동을 정의함으로써 원칙적 규제방식을 취하는 것에 지속적으로 이의를 제기해왔다. 특히 사전 선거운동을 처벌하는 규정과 관련해, 선거운동을 정의하고 처벌하는 것이 명확성의 원칙에 반하는 것이 아닌지 다투었고 그때마다 논란이 분분했다. 헌재는 현재까지 수차례 합헌이라고 결정했다.

헌재의 다수의견은 선거운동이라는 정의가 불명확하지 않다고 보았다. 선거운동이라 함은 특정 후보자의 당선이나 이를 위한 득표에 필요한 모든 행위 또는 특정 후보자의 낙선에 필요한 모든 행위 중 당선 또는 낙선을 위한 것이라는 목적의사가 객관적으로 인정될 수 있는 능동적, 계획적 행위를 말하는 것으로 풀이할 수 있어, 정의할 수 있는 개념으로 보았다.

즉, 단순한 의견개진 등과 구별되어 처벌될 수 있는 행위인 선거운동의 표지標識로 당선 내지 득표(상대 후보자의 낙선)를 위한 목적성이 있고, 목적성을 객관적으로 인식할 수 있으며, 능동성 및 계획성이 있는 행위를 선거운동으로 볼 수 있다고 했다.[15] 이같은 개념과 표지로써 선거운동과 선거운동 아닌 정치적 표현을 판별해낼 수 있다고 본 것이다.

'선거운동'의 정의, 애정남이 필요해

과연 그럴까. 처벌조항과 결합되는 선거운동의 정의가 명확하다고 보는 견해가 계속 유지되기는 어려워 보인다. 유권자가 선거운동을 할 수 있는 방법이 다양해지고, 공직선거법의 원칙적 금지 구조에 대한 비판이 높아질수록 합헌이라는 주장은 견디기 어려울 것이다. 헌재가 2008년 10월 30일 선고한 2005헌바32 결정의 반대 의견에서 변화의 단초를 발견할 수 있다. 조대현, 김종대, 목영준 재판관이 반대 의견을 밝혔다. '선거운동' 부분이 명확성 원칙에 반하여 헌법에 위반된다고 판단했다.

대부분 외국의 선거관련 법률이 선거운동의 자유를 제한하는 것으로 오해받지 않기 위하여 선거운동의 개념을 규정하지 않는 것과는 달리, 우리 공직선거법은 선거운동의 개념에 관한 정의 규정을 두고 있다는 데서부터 문제가 있다고 보았다.[16]

선거법상의 '당선되거나 되게 하거나 되지 못하게 하기 위한 행위'라는 정의만으로는 특정 행위가 선거운동이 되는지, 아닌지를 판단하기는 쉽지 않다는 것이다. 앞서 본 것처럼 헌재는 "특정 후보자의 당선 내지 이를 위한 득표에 필요한 모든 행위 또는 특정 후보자의 낙선에 필요한 모든 행위 중 당선 또는 낙선을 위한 것이라는 목적의사가 객관적으로 인정될 수 있는 능동적·계획적 행위"라고 풀이했고, 대법원도 이와 유사한 입장이나, 과연 법 문언과 위와 같은 해석만으로 금지될 선거운동의 외연과 내포가 어떤 것이 되는지, 형평성이 저해되지 않을 정도로 합리적인 수사기관과 재판기관의 구체적 법해석이 가능할 것인지는 대단히 불분명하다고 지적했다.

더구나 선거운동으로 보지 않을 행위에 관한 규정도 매우 모호하다. '선거운동'과 '선거에 관한 단순한 의견의 개진 및 의사표시'가 어떻게 구분되는지가 불명확하다는 것이다. 일반 유권자로서는 공직선거법에 위반되지 않는 발언과 행동의 한계를 알기 어렵다. 결국 선거에 관한 표현행위를 할 때마다 자기검열을 하게 할 정도로 위축효과를 줄 수 있다. 위축효과를 발생시키는 법 조항은 생명력이 길다는 폐해까지 있다. 처벌받을 각오를 하고 표현을 한 뒤에야 비로소 조항의 문제점을 법정에서 다툴 수 있게 되기 때문에 수면 위로 올라오지 않고도 다수에게 겁을 주는 괴물처럼 오래도록 살아남는다.

'선거운동'과 '그 준비행위'를 구별할 경계 역시 애매해서 구체적 사건에서의 판단을 법관에게 맡길 수밖에 없다. 검찰의 자의적인 기소가 문제될 수 있고, 법원의 판결도 논란에 휩싸일 여지가 많다.

'선거운동'과 '통상적인 정당활동'의 구분도 쉽지 않다. 통상적인 정당활동 역시 정당투표 내지 정당 추천 후보자의 득표에 도움이 되는 능동적·계획적 활동이므로 양자 간 구분이 분명하지 않다. 특히 비례대표 국회의원 선거에서 정당투표제가 도입되었기 때문에 선거운동 기간 이전의 정당활동이 '선거운동'인지, '통상적인 정당활동'인지 뒤섞여 있어 서로를 나누는 해법이 제시되기 어렵다.

요컨대, 선거법상 금지되는 '선거운동'을 정의하는 것은 정의할 수 없는 것을 정의하는 것이다. 선거운동이라는 개념은 추상적이고 다의적이며 다양한 해석가능성을 내포하고 있기 때문에 법을 지켜야 하는 유권자가 통상의 판단능력을 가졌더라도 법률이 금지 또는 처벌하고자 하는 행위가 무엇인지를 이해하거나 예견할 수 없게 할 뿐 아니라, 법집행기관의 자의적 해석과 집행의 가능성을 열어놓고 있다.

이와 같은 이유로 헌재의 반대의견은 '선거운동'이라는 개념이 불명확하다고 했다. 불명확한 개념을 사용하여 일률적으로 사전 선거운동을 처벌하는 조항은 죄형법정주의에 따라 요구되는 명확성 원칙에 위배되어, 결국 헌법에 위반된다고 판단했다.

표현의 자유를 규제하는 법은 특히 더 명확해야 한다. 무엇이 금지되는 표현인지 불명확하면 사람들이 표현을 꺼리게 되기 때문이다. 자신이 하려는 표현이 규제되는 것인지 아닌지 알기 어렵고, 나아가 처벌받을지도 모른다는 걱정을 하면 자기검열을 습관화하게 된다. 그렇기 때문에 표현의 자유를 규제하는 법률은 규제되는 표현의 개념을 세밀하고 명확하게 규정해야 한다.

특히 형사처벌을 하는 규정이라면 명확성의 원칙이 더욱 엄격하게 적용된다. 헌법 제12조 및 제13조를 통해 보장되고 있는 죄형법정주의의 원칙은 범죄와 형벌이 법률로 정해져야 한다는 의미다. 죄형법정주의에서 파생되는 명확성의 원칙은 법률이 처벌하고자 하는 행위가 무엇이며 그에 대한 형벌이 어떠한 것인지를 누구나 예견할 수 있어야 한다. 그에 따라 자신의 행위를 결정할 수 있도록 구성요건을 명확하게 규정해야 한다. 형사처벌 대상이 되는 구성요건은 가능한 한 명백하고 확장할 수 없는 개념을 사용해 구체적이고 명료하게 규정할 것을 요구하는 것이다.

물론 법규범의 문언은 어느 정도 일반적·규범적 개념을 사용하지 않을 수 없다. 그러나 이런 경우에도 법 문언이 법관의 보충적인 가치판단을 통해서 그 의미를 확인할 수 있어야 한다. 보충적 해석은 해석하는 사람의 개인적 취향에 따라 좌우될 여지가 없어야 하는 것이다. 3인 재판관의 반대의견은 이러한 맥락에서 나온 것이다.

정치적 표현의 자유를 허하라

선거운동 기간을 제한한 것은 공직선거법의 원칙적 금지, 예외적 허용 구조를 굳히는 수단이 된다. 선거기간이 아닌 때에는 아주 예외적으로만 선거운동을 허용해주고 있는데, 예외적으로 허용되는 행위가 무엇인지도 쉽게 알 수 없도록 복잡하게 되어 있다. 직업 정치인인 아닌 유권자가 정치에 대해 의사를 표현하는 것은 선거, 투표에 연관될 수밖에 없는데, 선거운동 기간을 제한하는 것은 결국 정치적 표현을 억누르는 기제가 된다.

헌재가 2008년 10월 30일 선고한 2005헌바32 결정에서 조대현 재판관은 선거운동 개념의 불명확성과 함께 사전 선거운동 금지 조항의 위헌성을 지적했다. "선거운동 기간이 아니라 하여 선거운동에 해당되는 행위를 금지하는 것은 사실상 정치적 표현행위의 대부분을 금지하는 결과가 된다"고 하면서, "선거운동 기간 전의 선거운동을 처벌하는 선거법 조항은 정치적 표현의 자유를 치명적으로 제한하고 민주적 정치질서의 근간을 마비시키는 것"이라고 말했다.

이처럼 사전 선거운동 금지라는 명목으로 정치적 표현의 자유를 중대하게 제한하는 이유는 무엇인가? 사전 선거운동 금지 조항의 입법목적은 선거운동의 과열로 인하여 선거의 공정성을 해치는 것을 방지하기 위한 것이라고 한다. 그러나 선거의 공정성은 민주적 정치질서를 올바르게 세우고자 하는 것이므로, 선거의 공정을 도모하기 위하여 민주적 정치질서를 마비시키는 결과를 초래해서는 안 된다.

선거운동의 과열은 선거의 공정을 해칠지도 모르지만, 민주적 정치

질서를 활성화시킬 수도 있다. 선거의 공정성을 해칠지도 모른다는 염려를 내세워 정치적 표현의 자유를 유명무실하게 할 정도로 제한하는 것은 헌법상 정당화되기 어렵다. 정치적 표현활동을 충분히 보장하여 민주적 정치질서를 활성화시키고 선거의 기능이 제대로 구현되게 하는 것이 더욱 중요하기 때문이다.

누구나 선거기간이든 아니든 정치적 견해를 표현할 자유를 가진다. 정적政敵의 정치적 활동을 비판할 자유도 있다. 그러한 정치적 표현을 다른 유권자들에게 공표하는 자유도 가진다. 모든 국민이 언제든지 자신의 정치적 의사를 표현할 수 있고 공직자의 공무수행을 비판할 수 있어야 민주정치가 제대로 기능하고 발전할 수 있다. 또한 유권자가 대표자를 올바로 선택하기 위해 필요한 정보를 충분히 얻을 수 있다. 주권자로서 국민의 대표를 선발해 국가권력의 행사를 위임하는 선거의 기능이 제대로 구현될 수 있게 되는 것이다. 선거의 평온만을 강조하는 것은 소의 뿔을 고치려고 소를 죽이는 것과 다르지 않다. 유권자의 손발을 묶고 입을 막지 않고도 선거를 공정하게 치를 수 있다. 선거운동은 자유로워야 하고, 선거는 공정해야 하지만, 굳이 평온해야 하는 것은 아니다.

선거는 나쁜 제도가 아니다. 선거운동도 그 자체로 해로운 것이 아니다. 다만 민주사회를 좀먹는 것은 '반칙'이라는 벌레다. 그렇기 때문에 원칙적으로 선거운동의 자유를 허용하고, 공정을 해하는 반칙이 무엇인지 정하고 반칙을 벌하는 방식이 되어야 한다.

헌재는 반사회적인 행위가 아닌데도 원칙적 금지, 예외적 허용 방식으로 규제하는 것을 경계했다. 예를 들어 배우고 익히며 공부를 하는 것은 반사회적인 행위가 아닐 뿐만 아니라 헌법에 따라 보장되는 기본적 인권이므로, '배우고 익히는 과외교습'을 '원칙적으로 금지하고 예외적으로 허용하는 방식'으로 규제하는 것은 헌법에 부합하지 않는다며 위헌 결정을 내린바 있다. 사회에 해악을 미치는 행위가 아닌데도, 원칙적으로 금지하는 방식, 즉 '원칙과 예외'가 뒤집어진 규율형식은 옳지 않다고 했다. 유해한 행위가 아닌데도 '통제가 쉬운가'라는 관점에서 포괄적으로 규제를 하다보면 어두운 그림자가 더 크고 길어질 수밖에 없다.

규제가 없으면 불안할까

규제 속에 사는 것은 오래된 습관이다. 구속에 길들여지면, 규제가 풀리면 마치 세상이 무법천지가 될 것처럼 걱정한다. 야간 통행금지가 있던 시절, 통금이 풀리면 남편들은 집에 들어오지 않고 아이들은 밤새 밖에서 놀고 도둑과 간첩이 활개치게 될 것이라며 불안을 조장했다.

'통금해제와 주부들의 마음'이라는 1981년 11월 23일자 「동아

일보」 기사는, 우리가 과거에 얼마나 규제에 길들여져 있었는지 그 단면을 보여준다. 주부의 목소리는 퍽 애잔하다. 통금이 해제되면 어떡하나 깊은 근심을 한다.

남편들이 넘쳐나는 시간에 술을 마시다 술통이 술을 마시는 경지에 이르면 '세월아 네월아 가거라'로 마냥 길바닥을 헤매다 새벽녘에 귀가하는 소동이나 없을지, 사춘기 청년기의 자식들이 걸핏하면 '올나이트 회의'니 뭐니 하며 밖으로만 나돌며 일을 저지르지나 않을까, 인적 드문 헛방 중에 공공연히 설치며 입맛대로 어려움 없이 찾아들 밤손님에 대한 공포감, 휴전선과 가장 근접거리에 있는 서울의 자유스런 밤에 활개치고 돌아칠 수 있는 간첩들의 공작행위 뭔가 느닷없이 길어지고 풍성해진 깊은 밤에 좋지 못한 역사가 쉼 없이 이루어질 것 같은 불안감. 한마디로 자식걱정 남편걱정 도둑걱정 간첩걱정으로 마치 집안살림 나라살림을 유독 주부 혼자만 떠맡은 기분이라면 실제 지나친 우리일까.

-「동아일보」 1981년 11월 23일자 '아빠들 살판 나섰어…그러나…'

통금해제가 못내 불안했던 마음, 그 불안이 아직 마음 속 깊은 곳에 도사리고 있는 것은 아닐까. 규제로 평온을 강제해야 한다는 믿음, 규제가 풀리면 안전도 함께 떠내려가고 말 것이라는 공포. 불안과 공포는 최근까지도 불쑥불쑥 고개를 내민다. 어떤 규제조항이 헌법에 반한다는 헌재의 결정이 있을 때마다 불안을 조장하는 목소리가 높아진다. 특히 표현의 자유가 확대될 때, 사회는 술렁이며 개인의 마음은 뒤숭숭해진다.

가까운 예로 옥외집회 조항에 대한 헌법불합치 결정의 반응도 기우가 지나쳤다. 헌재는 2009년 9월 24일 '해가 뜨기 전이나 해가 진 이후의 옥외집회'를 원칙적으로 금지하고, 일정한 경우 관할경찰관서장이 허용할 수 있도록 한 '집회 및 시위에 관한 법률' 조항이 헌법에 합치되지 않는다고 결정했다. 2010년 6월 30일을 시한으로 입법자가 개정할 때까지만 적용하고 그 이후 효력을 상실하는 것이다. 야간옥외집회를 원칙적 금지, 예외적 허용 방식으로 규제하는 것이 헌법에 반한다는 결정이다.

그러자 많은 언론은 심야 도심을 무법천지로 만드는 결정이라면서 강력히 성토했다. 「동아일보」는 2009년 9월 25일자 사설에서 '집시법 헌법불합치 결정, 현실과 거리 있다'는 제목으로, 헌재 결정을 신랄하게 비난했다.

헌법에 반하는 법률에 근거해 기소된 사람들에 대한 재판을 빨리 해야 한다는 주장은 헌법에 대한 도전이었다. 마치 헌법이 악의 원흉인양 몰아붙이는 주장은 묵과하기 어려운 것이었다. 「문화일보」는 2009년 9월 25일자 사설, '국회, 집시법 개정 서둘러 사회혼란 막아야'라는 글에서, "사회적 불안이 점증할 비상한 상황"이라면서 "즉각 개정 작업에 나서야"하고 "그나마도 시일을 다퉈야 한다. 그것이 경제사회적 혼란과 손실을 극소화하는 길"이라고 주장했다. 마치 곧 폭동이라도 일어날 것처럼 호들갑을 떨었다.

「동아일보」는 2009년 10월 7일자 '헌법재판관도, 판사도 法유린의 현장 봐야 한다'는 제목의 사설에서 헌법재판관을 직접 거론하며 비난의 강도를 높였다. "헌재 재판관이나 판사들이 무법과 폭력이 판치는 현장을 한 번이라도 지켜봤다면 불법 폭력시위에 대해 더 엄정해질 것이라고 본다"며, "폭력시위 현장에서 체포된 피의자의 인권도 중요하지만 법을 집행하는 일선 경찰의 질서유지 권한과 다수 선량한 피해자의 인권이야말로 우선적으로 지켜져야 할 가치"라고 썼다. 다른 언론의 논조도 비슷했다. 2010년 6월 30일이 지나 야간옥외집회 금지조항의 효력이 다하게 되자, 입법 공백이 우려된다는 비판의 수위는 높아져만 갔다. 다시 새로운 규제를 만들지 않으면 야간 폭력사태가 일어날 것과 같은 분위기를 만들었다.

야간옥외집회 금지 조항의 효력이 사라지자 야간 도심은 폭력 시위자들로 뒤덮였을까. 2010년 6월 30일 야간옥외집회 금지 조항이 사라지고 석 달 뒤 국회의원회관에서 열린 '집시법 10조 소멸 이후 야간집회 실태와 과제'라는 토론회에서 발표된 내용에 따르면, 야간에 집회가 있었다고 해서 폭력사태가 나타나지는 않았다. 경찰청이 작성한 '7·8월 야간집회 개최 상황일지'에 따르면 두 달간 야간집회는 229건과 220건으로 집계됐고, 그중 '밤샘 집회'는 각각 19건과 41건이었다. 모두 사람이 거주하지 않는 주요 도심 등에서 이뤄진 것으로 나타났고 폭력행위 등도 없었던 것으로 기록됐다. 대체입법이 제정되지 않았지만, 혼란은 없었다. 야간집회가 허용되면 도심이 금세 '폭도로 덮일 것'이라는 주장은 과장이고 기우였다.

미국 연방대법원은 '삐라를 배포하는 자는 배포자의 성명과 주소를 기입하여야 한다'는 로스앤젤레스 조례가 헌법에 반하여 무효라는 판결을 한 바 있다. 차별적인 고용을 하는 가게의 보이콧을 호소하는 무기명 삐라를 배포한 혐의로 기소된 피고인에 대한 재판에서, "익명의 삐라는 언제나 박해받는 집단이 표현하기 위한 수단으로 기여하여 헌법상 보호를 받는 것인데, 이 조례는 표현의 자유를 제약하는 것으로 너무 광범위하여 무효"라고 판결했다.[17] 익명의 삐라로 뿌려져서 평온이 깨지는 것보다 자유롭게 표현함으로써 얻을 수 있는 공익을 더 높게 본 것이다.

민주주의는 선거를 먹고 산다

원칙적 금지, 예외적 허용, 규제 중심의 공직선거법은 어렵다. 복잡한 예외규정으로 뒤덮힌 난해한 법은 정의롭지 않다. 선거운동을 정의하지 않고, 선거기간을 제한하지 않는 데서부터 편안한 공직선거법을 만들기 위한 화두를 던져야 한다. 선거를 먹고 사는 민주주의를 위해 착한 선거법이 필요하다.

현재 공직선거법에서 선거운동은 '후보자'가 하는 것이고 유권자는 그저 선거운동을 보고 투표를 하는 객체로 취급하고 있다. 후보자를 선수, 유권자를 관중으로 나누고 선수를 위한 법에만 관심을 둔다. 후보자에 대한 규제로 생각하면 받아들일 수 있는 내용도, 일반 유권자에게까지 지키라고 강요하면 상식에 반하는 법으로 과도한 규제가 될 수 있다. 후보자를 가운데에 놓은 공직선거법은, 선거에 참여하고 싶은 시민을 변두리로 밀어내고 있다. 자연스럽지 않은 법은 스스로를 억압하다 궁지에 빠지고 말 것이다.

규제Regulation는 규칙Rule과 다르다. 축구경기에서 감독은 작전 지시를 하며 선수들의 움직임을 규제하고, 심판은 규칙을 적용한다. 페어플레이 경기가 되려면 규칙을 잘 만들고 공정하게 적용하면 된다. 경기의 공정성과는 상관없고 승패에 관련되는 내용, 감독의 작전 지시에 포함되기에 적절한 내용까지 규칙에 담으면 규칙이 복잡하고 어렵게 된다. 이른바 선진국이라고 불리는 나라의 선거법에는 우리처럼 복잡한 규제를 담고 있지 않다. 규제중심의 체계는 일본 선거법에서 과도한 영향을 받은 것이다.

인터넷에는 국경이 없고, 정치영역과 생활영역의 경계가 사라지고, 사적영역과 사회적 영역의 구분도 희미해지고 있기 때문에, 사이버 공간을 규제를 하는 것은 현실적으로 어렵다. 현실에 부합하지 않은 법은 냉소와 경시풍조만 낳을 뿐이다. 선거를 민주주의의 축제라고 하지만, 겹겹이 규제로 점철된 틀 안에서 축제를 벌일 수는 없다. 잔치를 위해 얼마나 너른 멍석을 깔 것인지 행복한 상상이 필요하다.

공직선거법은 통신기술이 발전함에 따라 진화하는 소통의 방식을 따라잡지 못하는 방식으로 설계되었다. 현행 공직선거법은 오프라인의 선거운동을 규제하기 위해 고안되었다는 태생적 한계가 있다. 반면, SNS는 하늘을 나는 자동차처럼 신기술로 새로운 세상을 열고 있다. 자동차가 하늘을 날 수 있게 되었는데, 땅 위를 뜨는 순간 차로를 지키지 않았으니 불법이라는 도로교통법은 합리성을 유지하기 어려울 것이다.

법은 약속이다. 약속은 지켜야 한다. 약속을 어겨도 좋다는 말을 하고 싶지는 않다. 그러나 법이 불변인 것은 아니다. 아파서 병들기도 하고 늙기도 한다. 자연사하지 않으면 안락사를 시키고 필요하면 사형선고를 내려야 한다. 미국 연방대법원은 동성애를 처벌하는 텍사스 주법을 위헌이라고 선언한 판결에서 "사회가 변하고 사회를 구성하는 사람들의 의견이나 생각이 변하였다면 법관들은 그 변화를 주목할 책임이 있다"고 했다.[18] 입법자에게도 역시 그러한 책임과 의무가 있다. 법을 잘 지켜야 하는 만큼 어디 아프지는 않았는지 진단이 필요하다. 그리고 상한 폐부는 도려내야 한다. 우리 모두의 건강을 위해.

검찰, 아버지의 마음으로
수사의 칼을 갈다

선거는
내가 관리한다

앞서 우리는 공직선거법의 구조를 살폈다. 또 법 조항이 현실에서 살아 움직일 때 시민의 정치 참여에 어떤 영향을 미칠 수 있는지를, 구체적인 사례를 통해 간접 체험할 수 있었다. 국민은 국회의원을 선출한다. 국회의원은 법을 만든다. 그러나 그 법을 적용하고 해석하는 것은 법조인들의 몫이다. 그 가운데서도 검찰은 공직선거법 수사라는 이름의 칼을 휘두른다. 국민들이 위임한 권력으로 만들어진 법은 왜 다시 두려운 칼날로 돌아오는 걸까? 검찰 조직의 현실과 공직선거법 수사의 특성을 두루 살펴보기로 한다.

가부장적 선거 관리자

선거를 바라보는 검찰의 시각은 가부장적이다. 그들이 보는 선거
판은 놀랍도록 단순하다. 그들은 혹세무민과 금품 살포에 무방비
상태인 유권자들과 이들을 속이고 이용하려 드는 음험한 정치 세
력, 양 극단의 존재를 상정하고 선거 과정에 개입하려 한다. 이에
검찰은 어리고 분별없는 유권자를 보호하고, 그를 속이려 드는 위
험한 정치 세력을 벌하려 한다. 놀랍도록 단순한 '보호와 응징'의
과정 속에서 민주주의의 꽃이자 축제라는 선거 과정의 구체성은
사라진다. 강압적인 어버이를 둔 아이들이 창의력을 잃게 되듯.

15대 국회의원 선거 당시부터 공직선거법 위반 사범 수사를 해
왔다는, 검찰 중간 간부의 말을 들어보자. 그는 검찰의 선도 아래
선거 문화가 바뀌어 왔다는 데 대해 자부심을 감추지 않았다.

"제가 시골에서 고등학교를 다닐 때였습니다. 국회의원 선거가 있으
면 후보들이 동네 할머니들한테 2~3만 원씩을 돌렸습니다. 도시는
모르겠는데, 시골에서는 이런 현상이 전국 공통이었을 겁니다. 전형
적인 매표행위가 전국적으로 당연한 듯 계속 됐습니다. 그 이후 검
찰이 선거사범에 대해 강력한 수사를 벌였습니다. 관행처럼 여겨지
던 작은 혐의도 전부 기소해버렸습니다. 요즘은 아무리 시골이라도
공개적으로 2~3만 원씩 돌리는 거 없어졌습니다. 진짜 시골 가서

할머니들한테 물어보면, 옛날하고 지금 달라졌다는 말 들을 수 있을 겁니다. 선거 문화가 바뀐 것입니다. 그렇게 사회는 점점 발달해 가는 것이고, 그렇게 사회를 변화시키는 데 자그마한 주춧돌 됐다는 거에 자부심을 가지고 있습니다."

당신이 대한민국의 정치에 관심을 가져왔다면, 위 검찰 간부가 한 말을 부정하기 어려울 수도 있을 것이다. 한국의 선거사는 수많은 오점으로 얼룩져 있다. 금권·부정 선거는 반복되다 못해 식상한 일이었고, 득표수 자체를 조작했다고 의심할 만한 개표 부정 사례도 많았다. 지역주의는 여전히 판을 치고 있고, 수구 세력은 제 뿌리인 독재 정권이 숨을 거둔 뒤에도 선거 제도를 통해 되살아나곤 했다. 이명박 대통령이 당선된 뒤, 인터넷 등을 통해 자조적으로

번졌던 '국개론(국민X새끼론)'의 예를 들지 않아도, 선거를 통한 민주주의의 발전은 더디고 어려운 과정이었다. 그 과정에 때론 실망과 좌절을 맛볼 때도 많았다. 우리 민주주의 역량의 총합은 결국 그 정도일 뿐이라고 생각할 때도 많았을 것이다.

그러나 한국의 민주주의가 꾸준히 발전해왔음은 자명한 일이다. 선거를 통한 수평적 정권교체를 경험하고, 지방자치제도가 부활하고, 자치 교육감 시대가 열린 것은 우리 민주주의와 이를 지탱하는 시민 사회의 역량이 더 많은 '자치'를 요구해온 결과물이다. 돈 2~3만 원 쥐어주는 후보자가 사라진 이유가 오로지 검찰의 강력한 수사와 기소 덕분일까?

검찰은 왜 유권자를 믿지 못할까?

검찰은 기본적으로 유권자를 믿지 못한다. 아니 믿으려들지 않는다. 그들은 2~3만 원을 쥐어주면 기꺼이 자신의 한 표를 행사하는 촌로의 모습으로만 유권자를 그린다. 도대체 왜 그러는 걸까?

첫째는 일종의 선민의식 때문일 것이다. 일반적인 검사의 이미지를 그려보자. 그들은 문과생이라면 대부분 선망하는 명문대 법대에 입학한다. 요즘이라면 외국어고등학교나 자립형사립고, 예전이라면 각 지역에서 손꼽히는 명문고를 나왔을 확률이 높다. 이

단계까지만 진입해도 일단 그는 집안의 기대주가 될 것이다. 일가 친척들이 모이는 자리에서 그의 진학과 사법시험 도전은 큰 이슈가 될 것이다. 동년배 사촌 형제가 있다면, 아마 그들은 똑똑한 사촌 형, 오빠를 증오할 것이다. 더구나 그는 사법시험을 우수한 성적으로 합격하고, 아마도 30살 전후에 검사로 임관한다. 시골이라면 동네 어귀에 현수막이 붙을 일이고, 대도시에서라도 동네 주민들이 부러움 반, 시샘 반 수근거릴 일이다. 그러나 집안의 관심과 지원 여부와 상관없이 수험 생활은 온전히 혼자만의 것. 검사들은 이 고통스런 수험생 기간을 홀로 이겨냈다는 자부심까지 겸비하게 될 것이다.

이렇게 검찰 조직의 일원이 된 검사들은, 임관과 동시에 스스로를 '공익의 대표자'로 자임하기 시작할 것이다. 임관식에서 외치는 '검사 선서'가 그것인데, 이 내용 자체도 대통령령인 '검사 선서에 관한 규정'으로 정해져 있다. 드라마 「대물」을 본 이라면, 극중 하도야 검사가 사직서를 낸 뒤 검찰청 로비에서 울부짖으며 검사 선서를 외치던 장면을 기억할 것이다.

검사 선서

나는 이 순간 국가와 국민의 부름을 받고
영광스러운 대한민국 검사의 직에 나섭니다.

공익의 대표자로서

정의와 인권을 바로 세우고

범죄로부터 내 이웃과 공동체를 지키라는

막중한 사명을 부여받은 것입니다.

나는

불의의 어둠을 걷어내는 용기 있는 검사,

힘없고 소외된 사람들을 돌보는 따뜻한 검사,

오로지 진실만을 따라가는 공평한 검사,

스스로에게 더 엄격한 바른 검사로서,

처음부터 끝까지 혼신의 힘을 다해

국민을 섬기고 국가에 봉사할 것을

나의 명예를 걸고 굳게 다짐합니다.

엄친아적인 '자뻑'이 국가와 사회를 위해 평생을 바친다는 집단적 자의식으로 확장되는 순간이다. 실제 이제 3년차를 맞이하는 한 젊은 검사의 고백을 들어보자. 대학 시절 개인주의적이고 '쿨'한 태도로 여러 선배들을 당황스럽게 했던 그는, "평생 가장 감격스러운 순간"으로 검사 임관식을 꼽았다. 그는 "시험 준비를 하는 동안 마음고생을 적잖이 했는데, 검사 임관식에서 그동안의 고생을 한꺼번에 보상받는 느낌이었다"며 "평소 그런 생각을 많이 해 보지도 않았는데, 임관식에서 동기와 선배 검사님들을 보며, 훌륭한 검사가 되어 불의와 싸우겠다는 다짐을 하게 됐다"고 말했다. 그를 둘러싼 기대와 선망이 개인적 차원의 일이었다면, 이제는 검찰 조직의 품으로 녹아들게 된 것이다.

새내기 검사가 검찰 조직 안에 자리잡는 방식이 이런 식이라면, 중견 검사들의 입장은 어떨까? 우선 검사들은 바쁘다. 쉽게 말해 '입에서 단내가 날 정도로' 일이 많다. 검사들은 "몇 년 동안 휴가를 가보지 못했다", "주말에 쉬어본 지 몇 달이 넘었다"는 말을 수시로 한다. 일이 고되기로 둘째 가라면 서러울 직군인 기자의 눈으로 볼 때도, 도대체 검사들은 어떻게 저렇게 살 수 있을까 궁금할 때가 많을 지경이다. 부부장 승진을 목전에 둔 한 검사는 이렇게 말했다. "솔직히 말하면 부장검사 자리까지는 올라야 변호사 개업을 하더라도 쉽게 자리를 잡을 수 있다. 그때까지는 나가고 싶어도 나가기 어렵다. 과도한 업무량에 가정에 소홀했던 가장을 감내해준 가족들을 위해서라도 이런 경제적 동기를 무시할 수는 없다. 그러나 이런 경제적 동기만으로는 스스로를 설득하지 못하는 경우가 많다. 스스로를 위로할 수 있는 강한 자기 확신이 필요한데, 그건 바로 사명감이다. 내가 하는 일이 옳다고 믿는 것. 국가와 사회를 위해 헌신하고 있다는 믿음을 스스로 가지려 노력한다."

국가와 사회에 봉사하고 있다는 명분, 거기에 가족도 내팽긴 채

헌신하고 있다는 보상 심리, 이런 것들이 쌓여 검사들은 개인의 자의식을 '검찰 조직'과 동일시한다. 실제 부부 관계, 자식 문제 등 개인적인 이유로 몸담고 있던 검찰 조직에서 물러나는 검사들은 눈물을 보일 정도로 힘겨워하곤 한다. 그들에게 검찰 조직이란 단순한 일터가 아니라, 자신을 규정짓는 정체성이 되곤 하는 것이다.

이렇게 검사들은 서로를 단단하게 한 몸으로 묶는다. 검찰총장부터 말단 평검사까지 한 몸과 같다는 의미의 '검사 동일체의 원칙'은 검찰청법에서 폐기되었지만, 그 정서와 조직 작동 원리만큼은 여전히 강하게 유지되고 있는 셈이다. 이를 가능케 하는 정신적 토양은 역시 '공익의 대표자'인 개인으로서 '정의를 실현하는 조직의 일원'으로 스스로를 포지셔닝하는 것이다.

그러나 과도한 자기확신은 독선으로 연결되기 마련이다. 검찰 조직이 법질서를 수호하는 '정의의 사도'로 자리 잡기 위해서는 잠재적 범죄 세력이 있어야 한다는 것이다. 공직선거법 수사에 한정지어 생각해보자. '정의의 사도' 검찰이 존재하기 위해 필요한 요소는 무엇일까? 사악한 정치 권력과 순진무구한 유권자들이다. 그들은 현실 세계의 '슈퍼 히어로'이기 때문에, 유권자를 보호하며 간악한 정치권력과 맞짱을 뜨고 싶어한다. 유권자 시민들은 검찰의 보호에 '감사합니다'만 연발하면 되는 것이다.

둘째로 이미 독립된 권력 집단이 된 검찰의 위상을 지적하지 않을 수 없다. 한 원로 변호사는 기자들과 만난 자리에서 이런 말을 건넨 적이 있다. "대한민국 권력 지도를 그리면 어떻게 될 것 같나? 내 보기엔 경제 권력이 40퍼센트, 정치 권력이 30퍼센트, 법조(검찰·법원·변호사) 권력이 15퍼센트 정도 되지 않을까?" 노무현 전 대통령이 말했던 "정치 권력은 이미 경제 권력에 굴복했다"는 이야기 끝에 나온 말이긴 했지만, 그의 말투에는 자신감이 묻어 있었다. 기자들 앞이라 겸손하게 15퍼센트만 말했다는 느낌마저 들었다. 어쨌건 저 대화의 핵심은 권력 지분을 분배하는 것이 아니라, 법조 권력이 경제·정치 권력의 하위 권력에서 벗어나 스스로의 의지로 움직일 수 있는 독립적인 지위를 꿰찼다는 선언으로 읽혔다는 점이다.

독립된 권력 집단이 된 법조 삼륜(검찰·법원·변호사) 안에서 가장 많은 권력 지분을 쥐고 있는 것은 검찰 조직일 것이다. 우선 법원은 검찰을 견제하는 방식으로 존재를 증명하고 있다. 법원은 검찰이 기소한 중요 사건에 무죄를 선고하거나, 수사에 필요한 압수수색, 계좌추적 영장을 기각하는 방식 등으로 검찰을 효과적으로 견제하고 있지만, 법조 삼륜 안에서는 수동적인 역할일 뿐이다. 변호사들은 법원과 검찰, 정치 권력 사이의 완충지대에 위치하면서 법조 권력을 움직일 수 있는 경제적 토양과 뒷심을 제공한다. 그러나 검찰은 스스로 기소 또는 무혐의 처분이라는 일도양단의 판단을 내리는 능동적인 기관이다. 검찰은 수사를 벌이거나 구속영장을 청구하는 행위만으로도 여론의 향방을 수시로 바꿀 수 있다. 시쳇말로, 검찰은 스스로 판을 깔 수 있는 힘을 가지고 있다는 것이다.

실제 우리는 노무현 전 대통령이 서슬 퍼런 집권 초기 '검사와의 대화'에서 당한 수모를 기억한다. 그가 탈권위를 표방하고 검찰 인사에서 손을 떼겠다 선언한 대통령이긴 했지만, 현직 대통령인 그가 평검사들과의 방송 토론에서 "이쯤 되면 막가자는 이야기죠?"라고 반응할 만큼 수모를 당했다.

물론 검찰도 내·외부 환경을 고려했을 것이다. 그 결과 한 번 붙어볼 만한(?) 정치 권력이라는 견적을 낸 것은 아니었을까? 당시 조·중·동 등 거대 언론은 임기 내내 그를 흔들었다. 야당인 한나라당은 현직 대통령에 대한 탄핵을 시도할 정도로 기고만장했다. 노 대통령 스스로도 검찰, 국가정보원 등 사정기관에서 손을 떼겠다 공언했던 터였다. 이 탓인지 법무부 산하 외청에 불과한 검찰은 집권 초기부터 임종 시까지 노 전 대통령을 집요하게 괴롭혔다. 그가 밀어붙인 법조일원화·파격 인사 등 다양한 검찰 개혁 방안이, 조직의 명운에 도움이 되지 않았기 때문일 것이다.

이렇게 검찰은 단순히 정권의 통제를 받는 위치에서 벗어나 있다. 대신 협력과 긴장의 대상을 선별해 조직의 힘을 극대화하려는 선택적 의지를 보여준다. 이들 입장에서 공직선거법 위반 사범에 대한 수사는 정치 권력과 공식적으로 맞부딪히는 전장인 셈이다. 검찰 조직이 정치 권력에 '미친 존재감'을 보여주기 위해서라도, 공직선거법을 위반한 후보자들에게 강한 처벌을 해서 본때를 보여주거나, 재량권을 이용해 신세를 지게 만들어야 하는 것이다. 민주주의의 꽃인 선거의 관리 권한을 그 주인공인 유권자한테 돌려줄 이유가 없는 것이다.

권력을 향한 해바라기

이런 검찰의 속성이 특히 위험해지는 이유는 '어쩔 수 없는 정치적 편향성' 탓이다. 선거를 핸들링하겠다는 과도한 '관리자 성향'은 물론 바람직하지 않지만, 검찰의 수사 기능 자체를 탓할 수는 없다. 공정한 선거를 위해 정해진 룰은 당연히 지켜져야 하기 때문이다. 그러나 검찰이 욕심부리고 있는 '관리자 권한'은 정치적 편향성 탓에 종종 오염되곤 한다. BBK 의혹을 제기한 정봉주 전 민주당 의원을 기소한 것은 비근한 예일 것이다.

대학 시절 한때 진보적 성향을 가졌던 검사는 최근 이런 말을 털어놓았다. "검찰에 너무 많은 기대를 갖지는 말도록 해. 권력이 가장 놓치고 싶지 않은 조직이 뭐일 거 같아? 군대와 경찰, 검찰이야. 군대가 외부의 적을 막기 위한 도구라면 검·경은 체제 내부의 적을 막기 위한 도구야. 이건 역사적인 검·경의 존립 이유야. 결국 이 조직이 부르짖는 법질서는 권력을 위한 법질서인 경우가 많아. 법치주의란 정권 유지를 위한 세련된 이념일 수 있어. 100퍼센트의 정치적 중립이라는 것은 허상에 불과해."

문제는 검찰 조직의 편향성은 근본적으로 보수 편향적이라는 것이다. 법률이 가장 중요시하는 '법적 안정성'은 결국 변화를 거부하는 보수성과 연결된다. 높은 급여와 사회적 권위, 권력까지 쥐고 있는 검찰이 진보적이라면, 그게 오히려 이상할 정도로 말이다.

이같은 검찰 조직의 근원적 한계에 더해 인사권자를 향한 충성 경쟁 역시 검찰 수사의 정치적 중립성을 막는 주요한 요인 가운데 하나가 된다. 부장검사급 이상에 올라선 검사들은 검사장 자리에 목을 맨다. 한 기수에 12~13명 남짓 올라설 수 있는 검사장은 그야말로 검찰의 꽃이다. 차관급 의전을 받을 수 있을 뿐만 아니라, 검찰 고위직으로 진입하는 상징적인 위상을 가진다. 검사장 인사는 대통령의 제가가 있어야 한다는 점을 고려하면, 권력의 의지에 반해 공명정대한 수사를 하는 검사를 기대하기란 더더욱 어려워진다.

검사들의 인사에 대한 집착은 상상을 초월한다. 대부분의 권력기관·대기업 등에서도 인사권자의 눈에 들기 위한 애처로운 노력은 목격되지만, 검찰 조직만큼 이런 경향성이 노골적으로 드러나는 곳을 찾아보기는 어렵다.

오랫동안 특별수사를 해왔던 한 검사가 중요한 수사에서 무죄 판결을 받아 검찰 조직 전체에 타격을 입힌 경우가 있었다. 그는 조직에 사죄하는 의미로 인사 대상 1·2·3지망에 지방 검찰청만을 골라서 적어 넣었다. '죄를 지었으니, 좌천되는 게 옳다'는 태도였다. 그리고 법무부는 실제 그 검사가 지망한 지방으로 그를 전보했다. 인사 조처가 발표된 날 저녁, 인사를 내는 법무부 소속 검사와 해당 검사 등이 함께 술자리를 가졌다고 한다. 그런데 오히려 법무부 검사가 술에 취해 눈물을 보였다고 한다. 검찰 조직 안에서 인사가 가지는 의미를 누구보다 잘 알기 때문에 '귀향 가는' 후배의 모습이 더 가슴이 아팠던 것은 아닐까.

검찰 인사의 특징은 특정 시기에 어느 코스를 거치느냐 여부만 봐도, 그 검사 개인이 어디까지 올라갈 수 있을지 대충은 예측할 수 있다는 점이다. 좋은 의미로 예측가능성이 높은 편인데, 그래서 검사들은 커리어 관리 현황만 봐도 비슷한 기수의 동료들과 자기의 상황을 단박에 비교할 수 있을 정도다.

법무부 검찰과는 여러 가지 방법으로 검사들의 '인사 고과'를 평가하는데, 그 가운데 '동기 평가'라는게 있다. 검찰에 함께 임관한 동기들 가운데 우수하다고 생각하는 12~14명 정도를 적어내는 방식이라고 한다. 이는 한 기수에서 검사장 승진에 성공하는 숫자와 비슷한데, 동기 평가서를 받아보면 다들 어느 정도는 공통된 사람을 적는다는 것이다. 어느 지검, 어떤 부서에 있는지만 봐도 그가 어느 정도 평가를 받고 있는지 견적을 낼 수 있을 정도로 검찰 인사는 냉혹하다.

예를 들면 이런 식이다. 사법연수원을 마친 뒤 초임지로 서울중앙지검, 또는 서울 안에 위치한 동·남·북·서부지검에 발령 받는다면, 그 초임 검사는 적어도 나중에 서울중앙지검 부장검사 자리 정도는 노릴 수 있을 것이다. 서울중앙지검 부장검사 가운데 절반 정도는 확률적, 경험적으로 검사장 승진에 성공한다. 지방 순환을 나가야 하는 5~6년차쯤에는 춘천지검 강릉지청이 손꼽혀왔다. 대검찰청, 법무부, 서울중앙지검 등 주요 보직에서 죽도록 고생한 부장검사들이 경치 좋고 한적한 강릉에서 지청장으로 근무하며 1년 정도 쉬는 경우가 많았기 때문이다. 따라서 강릉지청에서 열심히 하며 눈도장을 찍어두면 나중에 잘 나가실 지청장이 '땡겨주지' 않겠냐는 기대심리가 반영됐다고 한다. 실제 한 여검사는 자신이 우수한 성과를 보여왔다고 생각했지만, 지방 근무를 나갈 당시 강릉지청에 배정받지 못하자, "여자이기 때문이냐"고 항의까지 했다는 후문이다.

자, 이제 어느 정도 검찰의 인사 시스템을 알게 된 당신이 수사팀의 실무 책임자인 부장검사가 됐다고 치자. 이제 검사장 승진은 4~5년 앞이면 다가 올 현실이 된다. 물론 차장검사, 검사장 등의 수사 지휘는 받지만 현장 분위기와 증거 관계를 모조리 알고 있는 사람은 당신 뿐이다. 여당 핵심 인사를 처벌해야 하는 시점에 당신의 선택이 흔들리지 않을 것이라 장담할 수 있겠는가?

실제 최근 여당 실세를 기소한 한 부장검사는 이렇게 말한 바 있다. "그냥 지방 고등검찰청으로 좌천돼 좀 쉬다 올라오지 뭐. 정권 교체되면 그때 가서는 좀 챙겨주지 않겠어?" 웃으며 건넨 농담이었지만, 순간 등골이 싸늘해질 수밖에 없었다.

순진한 유권자가 위험한 선동꾼으로 변하는 순간

검찰은 선거 과정에 끊임없이 개입하려 한다. 우리는 방송인 김제동 씨와 서울대 법학전문대학원 조국 교수가 검찰의 수사를 받고 있다는 사실을 알고 있다.

우리가 두 사건에 주목해야 하는 이유는 유권자와 정치 세력이라는 이분법적인 구분이 언제든 뒤바뀔 수 있다는 점을 보여주기 때문이다. 조국 교수와 김제동 씨의 공통점은 높은 대중적 인지도를 가지고 있으며, 정치적 발언에 거리낌이 없다는 점이다. 이 둘은 당적을 가지거나 후보로 나서는 등 현실 정치에 깊숙이 발을 담고 있지는 않지만, 공적·사적 영역에서 끊임없이 정치적 소신을 밝히고 있다. 자신의 한 표만 소중히 행사하는 소극적 투표권자에 머물지 않는 이상, 누구든 언제라도 '위험한 정치 세력'의 한 명으로 찍힐 수 있다는 방증 아니겠는가.

방송인 김제동 씨는 2011년 10.26 재보궐선거 당시 투표 독려 글과 사진 4건을 트위터에 올린 뒤 한 시민에게 고발을 당했다. 김제동 씨를 고발한 시민 임아무개 씨는 "선거 당일 김 씨가 트위터에 투표를 독려하는 글 4건을 지속적으로 올린 행위는 공직선거법 위

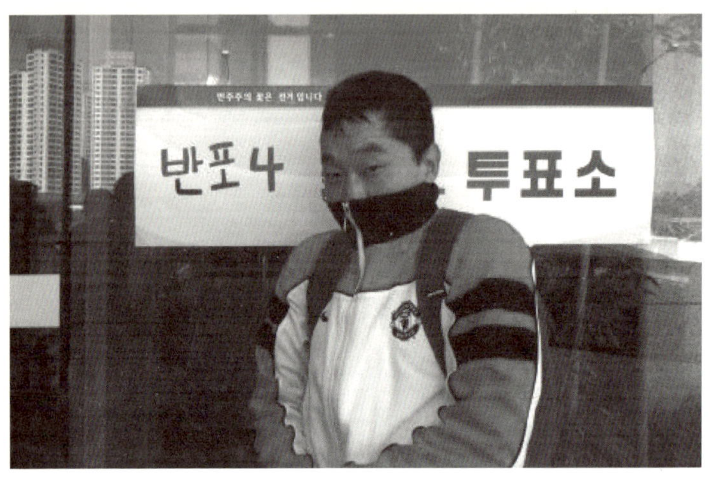

10.26 재보궐선거 당일 방송인 김제동 씨가 트위터에 올린 투표 인증샷

patriamea 조국
내년 4월 잊지 말아야 할 분들이 있습니다. 특히 박원순을 '학력위조범', '병역비리범', '기업협박범', '평양시장후보'로 몰고 간 신지호, 진선호, 안형환, 이종구, 강용석, 그리고 홍준표 의원님은 잘 기억합시다.
10월 27일

이 트윗으로 조국 교수는 총선 예비 후보자를 비방했다며 고발 당했다.

반에 해당한다"며 고발장을 냈다. 김제동 씨는 "저 누군지 모르겠죠"라는 글과 함께 선거 당일 투표소 앞에서 찍은 사진을 트위터에 올렸다. 그는 또 "퇴근하시는 선후배님들과 청년 학생 여러분들의 손에 마지막 바톤이 넘어갔다"는 등의 글을 올려 투표를 독려했다.

서울대 법학전문대학원 조국 교수는 선거가 하루 지난 10월27일 트위터에 '내년 4월 잊지 말아야 할 분들이 있습니다. 박원순을

학력 위조범 등으로 몰고 간 신지호, 진성호, 안형환, 이종구, 강용석, 홍준표 의원님을 잘 기억합시다'라는 글을 올렸다. 조국 교수를 고발한 사람은 강용석 전 의원의 비서관이었던 김아무개 씨다. 2012년 4월 국회의원 선거에 출마하고자 하는 예비 후보자들을 비방하기 위한 글이라는 취지였다.

검찰은 두 사건을 모두 서울중앙지검 공안1부에 배당하고 수사에 착수했다. 검찰은 "통상적인 고발 사건과 똑같은 절차에 따라 수사를 진행할 것"이라며, 확대 해석은 곤란하다는 태도를 보이고 있다. 물론 법적으로 고소·고발장을 접수받은 검찰은 각하 사유가 있지 않은 이상, 사건을 수사팀에 배당하고 조사를 벌인 뒤 기소 여부 등을 판단해야 한다. 투표를 독려하는 것이 공직선거법 위반이라고 믿을 사람은 많지 않겠지만, 검찰은 사건 자체를 각하하는 대신 정식 수사를 통해 판단하는 길을 택했다.

그런데 이 지점에서 또 다른 권력이 개입을 하게 된다. 바로 언론이다. 언론은 조국 교수와 김제동 씨에 대한 고소·고발장이 수사 부서에 배당됐다는 것만으로 이같은 사실을 대문짝만하게 보도한다. SNS를 통한 투표 독려운동과 정치적 의사 표시가 당시 이슈의 중심에 있긴 했지만, 대다수 국민은 언론을 통해 김제동 씨와 조국 교수가 검찰에서 수사를 받게 됐다는 피상적인 이미지만을 기억하게 된다.

이 과정에서 일종의 '억압 효과'가 발생한다. SNS에 장난처럼 올리는 투표소 인증샷과 정치인에 대한 개인적 평가가 검찰 수사로 연결될 수도 있다는 사실을 알게 된 시민들은 둘 중에 한 가지 반응을 보일 것이다. '쫄지마'를 외치며 담대해지거나, 혹은 자기 검열을 시작하거나. 실제 법학을 전공한 조국 교수는 고발 사실을 알게 된 뒤, 자신의 페이스북에 "처분 결과는 뻔하게 보이지만, 노는 꼴이 가관! 저 또는 이 소식을 접한 시민들이 겁 좀 먹으라는 메시지일 것인데, 하하"라는 글을 남겼다. 조국 교수의 선택은 아마도 전자인 모양이다. 물론 김제동 씨와 조국 교수가 공직선거법 위반 혐의로 기소될 가능성은 매우 낮을 것으로 보인다. 그러나 이는 중요치 않다. 이미 이들이 검찰 조사를 받게 됐다는 사실이 보도된 것만으로도 어떤 '효과'는 이미 발생한 셈이기 때문이다.

그러다 보니 검찰과 언론의 이같은 작동 방식을 이용하는 사람도 나오게 된다. 김제동 씨를 고발한 시민 임아무개 씨는 진심어린 애국심의 발로로 고발을 했을 수도 있고, 아니면 SNS를 이용하는 '철부지'들에게 경종을 울리기 위해 일부러 그를 선택했을 수도 있다. 고소·고발의 달인이라는 칭호를 받은 강용석 의원 역시, '고소·고발 → 수사팀 배당 → 기사 생산'의 과정을 통해 끊임없이 사회적 논란을 만들길 원했던 것으로 보인다.

2010년 민주당 천정배 의원도 "헛소리 개그하는 이명박 정권을 끌어내려야 하지 않나, 죽여버려야 하지 않겠나"라는 발언을 해, 내란죄 혐의로 고발당한 바 있다. 내란죄는 주동자로 인정될 경우,

사형 또는 무기징역·무기금고 형으로만 처벌되는 무시무시한 죄명이다. 천정배 의원의 발언이 그 정도 형벌을 받을 만한 범죄인지 잘 모르겠지만, 어쨌건 언론은 천정배 의원에 대한 수사가 시작됐다는 사실을 보도했다. 그런데 천 의원을 고발한 시민 역시 이런 수사 및 언론 보도 시스템을 잘 이해하고 있는 것으로 보인다. 그에 대해서는 대구광역시에 살고 있다는 사실 정도만 알려졌는데, 이 시민은 천정배 의원 말고도 수많은 진보 개혁 진영 정치인의 발언에 대해 고발을 해온 것으로 알려졌다.

검찰 내부에서도 이런 상황에 대한 답답함을 토로하는 목소리가 나오고 있다. '한마디로 너무 꼰대스러운 거 아닌가 걱정되곤 한다'는 검사와의 대화다.

"나는 기본적으로 우리 사회가 국민들의 자정작용을 통해 균형을 잡아오지 않았나 싶다. SNS니 트위터니 그게 뭐라고 난리법석인 것도 이해가 되지 않는다. 그 안에서 사람들이 중심 잡을 수 있는 일에 왜 검찰이 앞장서서 난리를 부리는지 모르겠다. 검찰 조직이 사회를 리드할 수 있다는 자만심이 그런 방식으로 나오는 것 아닌가 싶다. 검찰의 진짜 문제는 검찰 조직이 국가를 운영한다는 자신감에서 나오는 것 같다. 봉사하는 검찰이 되면 안 되는 것인가? 대검찰청 중앙수사부 없앤다는 정치권 논의에 검찰총장까지 직을 거는 것을 보고 우리 조직의 일이지만 어이가 없었다. 국민들 입장에서 대검찰청 중앙수사부가 있건, 서울중앙지검 특수부가 붕괴

하건 무슨 상관이 있을까 싶었다. 우리가 국민을 위해 있는 기관이 맞긴 맞는가 하는 생각이 들었다."

어린 검사의 철모르는 소리일 수도 있다. 그러나 국가를 운영하는 검찰과 국민에 봉사하는 검찰, 어느 쪽이 맞을까?

2 세상이 아무리 변해도 검찰은 관리자 모드

변화에 적응하는 검찰의 꼼수

앞서 본 것과 같이 검찰은 선거판의 '관리자'를 자처하고 있다. 과도한 소명의식 탓이건 조직적 필요 때문이건, 검찰은 스스로 통제할 수 있는 환경과 구조 안에서 선거가 치러지길 원한다. 기존 법률과 검찰이 가지고 있는 인식 틀을 벗어나는 새로운 유형의 변수가 생길 경우, 검찰은 민감한 반응을 내놓곤 한다.

SNS가 대표적인 경우다. 우선 검찰은 헌법재판소가 공직선거법 제93조 제1항에 대해 한정위헌 결정을 했음에도 불구하고, 공식적으로 이를 존중한다는 의견을 내놓지 않았다. 검찰은 "공직선거법이 개정되는 내용을 봐야 한다"거나 "헌법재판소의 분명한 취지를 알게 된 뒤, 선거관리위원회의 해석을 들어봐야 한다"는 등의 유보적인 태도로 일관했다. 새롭게 등장한 선거 환경인 SNS에 대해 기본적인 입장을 정해 놓았는데, 헌재가 새로운 해석론을 들고 나와, 입장 자체가 난감해졌기 때문이다.

무선 인터넷을 기반으로 한 텍스트 전송의 경우도 마찬가지다. 이동통신망을 이용한 문자메시지에 대해서는 이미 기준을 만들어 두었지만, 기술적 전달 방식이 다른 '카카오톡'과 '마이피플' 등을 통한 정치적 의사 표시는 어떻게 해석하고 처벌해야 하느냐는 것이다. 검찰은 앞서 '트위터', '페이스북' 등 새로운 의사 소통 방식이 생길 때마다 이같은 해석 작업을 반복해왔다. 대검찰청이 계속 증보판을 내고 있는 「공직선거법 처벌해설」을 보면, '트위터'를 이용한 선거운동을 어떻게 규제할 것인지를 미리 고민한 흔적이 나온다.

우선 검찰은 트위터의 신속성과 광범위한 전파력을 경계하고 있다. 이 책에서 검찰은 "(트위터의 경우) 이와 같은 신속성과 동시성으로 인해 게시 행위가 불법 선거운동에 해당하는 경우라고 하더라도 사전 조치가 어렵고, 트위터가 외국업체라는 점에서 국내법 적용이 쉽지 않아 위반 게시물의 삭제와 게시자의 신원 확인이 불가능하다는 지적이 있다"고 서술하고 있다. 그러나 검찰은 트위터의 '팔로우follow' 기능에 주목했다. 본인이 신청을 하지 않아도, 전송하면 바로 상대방에 전달되는 문자메시지와 달리, 트위터는 사용자 스스로가 팔로우해야만 전달되기 때문에, 사용자가 직접 찾아 방문하는 블로그의 축소판과 비슷하다는 설명이다. 이에 따라 검찰은 트위터를 통한 정치적 의사 표현을 전자우편과 동일하다고 보고, 같은 규정을 적용해 처벌하겠다는 내용을 전국 공안 검사들이 보는 해설서로 펴낸 것이다.

검찰의 SNS에 대한 수사 의지는 2012년 1월 16일 대검찰청이 발표한 '선거 범죄에 대한 관리 지침'에서 드러난다. 이날 전국 검찰청 소속 공안 부장검사들이 모여 회의를 하고, 오는 4월 국회의원 선거를 맞이하는 입장을 정했다. 아래는 당시 회의에 앞서 한상대 검찰총장이 했던 격려사다. 다소 딱딱하지만, 검찰이 공직선거법 수사를 바라보는 관점을 잘 드러내고 있어, 전문을 옮긴다.[1]

檢 察 總 長

전국의 공안부장검사 여러분!
먼저 어려운 여건 속에서도 소임 완수를 위해 열과 성을 다해 주신 데 대하여 진심으로 감사드립니다.

올해는 20년 만에 총선과 대선이 치러지는 중요한 한해입니다. 우리 검찰은 양대 선거를 어느 때보다도 공명정대하게 만들어야 합니다. 이번 선거를 혼탁과 혼란의 상징이 아니라 깨끗함과 질서로 대변되는 축제의 장으로 만드는 것은 국민의 바람이며 우리의 소명입니다.

선거는 맑고 깨끗함이 생명입니다. 선거에서 돈이 오고 간다면 이는 국민의 치욕이자 국격의 추락입니다. 1인당 국민소득 2만4천 불, 무역 1조 달러 시대에 금권 선거가 횡행한다면 이는 국가적 불행이자 우리 사회의 비극입니다. 그간 공정하고 투명한 선거를 위해 매진해 왔던 우리 검찰에게도 크나큰 불명예가 아닐 수 없습니다.

우리는 이제 선거에 있어서의 부정과 부패 그리고 혼란과 혼탁의 고리를 끊어야 합니다. 모두가 합심하여, 국격에 걸맞은 공명선거 풍토를 만들어야 합니다. 올해에는 전국의 공안검사 한사람 한사람이 모두 선거 혁명의 주역이 되기를 기대하면서 몇 가지 당부 말씀을 드리고자 합니다. 첫째, 금품선거 사범을 발본색원해야 합니다. 돈이나 향응으로 표를 사는 행위는 가장 고질적인 병폐입니다. 대통령 선거의 경우 16대 선거시 18퍼센트에서 2007년 17대 선거에서 13퍼센트로 줄어들었으며, 국회의원 선거의 경우에는 17대 총선 42퍼센트에서 18대 총선 29퍼센트로 많이 감소하였습니다. 그러나 2007년 대선의 경우 125명, 2008년 총선의 경우 571명이 금품선거 사범으로 입건되는 등 아직도 뿌리 깊은 폐해가 상존하고 있습니다. 더욱이 당내 전당대회시 금품을 살포하는 행위는 전혀 개선되지 않고 있는 실정입니다. 금품 선거는 당 내외를 막론하고 근절되어야 합니다. 여당이나 야당, 지위 고하를 불문하고, 철저히 엄정하게 수사하여 모든 국민적 의혹을 해소해야 할 것입니다. 그리하여 이 땅에 돈과 향응으로부터 자유로운 맑고 깨끗한 선거 풍토를 마련해야 하겠습니다.

둘째, 허위사실 공표, 후보자 비방 등 소위 흑색선전 사범을 척결하여야 합니다. 흑색선전은 대통령 선거의 경우 16대 선거시 34퍼센트에서 17대 선거시 37퍼센트로 증가하였습니다. 국회의원 선거의 경우에는 17대 총선 14퍼센트에서 18대 총선 20퍼센트로 대폭 늘어났습니다. 흑색선전은 후보자의 인격과 명예를 일순간에 말살시키는 악성 범죄입니다. 유권자의 공정한 선택권에 대한 침해도 심각합니다. 더욱이 SNS 등 인터넷 매체의 발달로 그 피해가 더욱 증폭되고 있습니다. 먼저 신속하고 강력한 대처로 흑색선전의 증가세를 막아야 합니다. 또한 온, 오프라인을 막론하고 엄정하게 처벌하여야 합니다. 후보자들에게 흑색선전으로는 선거전에서 살아남을 수 없다는 인식을 확고히 심어 주어야 할 것입니다. 셋째, 최초로 실시되는 재외국민선거에도 철저히 대비해야 하겠습니다. 제19대 총선부터 재외국민선거 제도가 처음으로 도입되어 재외국민의 권익이 획기적으로 신장되는 계기가 되었습니다. 그러나, 해외 종북단체의 불법 선거개입 등 선거의 공정성에 대해서는 많은 국민들이 우려를 표시하고 있습니다. 따라서, 조총련 등의 선거개입 동향을 예의 주시하고 이에 동조하는 종북세력에 대하여도 철저히 추적, 수사함으로써 국민들의 우려를 불식시켜야 할 것입니다. 아울러, 재외국민선거 사범에 대해서도 형사사법공조 등 가능한 모든 수사 방법을 최대한 활용하고, 출석 불응시에도 궐석재판 등을 통해 철저히 책임을 물어야 하겠습니다.

마지막으로 선거 사범의 신속한 처리를 당부 드립니다. 은밀히 이루어지는 금품선거 사범이나 흑색선전 사범에는 신속한 수사가 관건입니다. 당락을 기다리지 않고 신속히 엄정하게 처리할 때 선거 사범들은 설 땅을 잃습니다. 위법행위로 인하여 이득을 얻을 시간을 주지 말아야 합니다. 그럴 때 비로소 법을 위반해서는 당선을 바라볼 수 없다는 분위기가 확실히 자리를 잡을 것입니다. 전국 공안부장 여러분! 논어(論語)에 '임중도원(任重道遠)'이라는 말이 있습니다. 즉, '맡겨진 임무는 무겁고 갈 길은 멀다'는 뜻입니다. 선거는 민의(民意)를 대변하는 진정한 국민의 대표를 선출하는 것입니다. 대의민주주의를 통하여 국민주권을 실현하는 가장 기본적인 제도입니다. 따라서, 선거 사범은 민의를 왜곡하여 민주주의의 기초를 뒤흔드는 범죄입니다. 우리는 엄정한 선거 사범 단속으로 깨끗한 선거문화가 확실히 정착될 수 있도록 하여야 할 것입니다. 그런 의미에서 올 한해 공안부장 여러분의 역할과 임무가 막중하다고 할 것입니다. 아무쪼록, 우리 사회의 민주주의 발전을 이룬다는 자긍심을 갖고 최선을 다해주시기 바랍니다. 여러분들의 건강과 건승을 기원합니다. 감사합니다.

2012년 1월 16일

檢察總長 韓 相 大

정무적 판단이 낳은 관리자 모드

여기서 당신이 검사고 그중에서도 선거 범죄를 담당하는 공안 부장이라고 생각해보자. 엄격한 상명하복의 조직인 검찰 안에서 가장 큰 어른인 검찰총장이 당신에게 저렇게 인사를 건넸다. 물론 표면적으로는 민주주의의 꽃이자 축제인 선거를 제대로 관리하기 위해 각자 소명의식을 가지고 노력하자는 내용이다. 총장님 말씀에 감화 감동된 당신은 어떤 방식으로 조직의 의지를 반영할 것인지 대상을 물색하게 될 것이다.

총장님의 의중을 살피기 위해 격려사를 다시 한 번 읽어보자. '허위사실 유포와 흑색선전' 단락이 귀에 쏙 들어오지 않는가. 돈선거를 철저히 단속해야 한다? 이건 대한민국 선거 사상 계속해서 반복된 문제다. 검찰 조직의 입장에서도 늘상 해왔던 일이다. 새로운 환경에 맞춘 수사 역량을 보여줘야 주목을 받을게 아닌가? 더구나 총장님께서도 SNS 등 인터넷 매체에 대한 신속하고 강력한 대응을 요구하고 계신다.

인터넷을 기반으로 한 매체와 환경의 변화는 생각하기에 따라 별다른 비용 투자 없이 자유롭게 정치적 의사를 나눌 수 있는 대화의 장이 될 수도, 흑색선전이 무차별하게 유통되는 위험한 공간이 될 수도 있을 것이다. 그러나 이날 회의 뒤 적어도 검찰의 시각은 분명해졌다. 인터넷을 기반으로 한 SNS는 '신속하고 강력한 대응을 전제로 한 관리의 대상'으로 규정된 것이다.

이날 회의를 마친 뒤, 대검찰청은 '주요 선거사범 처벌지침'을 만들어 언론에 발표했다. 검찰이 꼽은 주요 6개 범죄군은 다음과 같다. ①금품선거 ②불법·흑색선전 ③선거폭력 등 ④공무원의 선거관여 ⑤허위 투표 ⑥선거 비용 사범.

검찰은 이 가운데 불법·흑색선전 혐의자의 경우 전원 입건하고, 유인물·문자메시지 500부 이상을 발송하거나, 인터넷 게시물을 30회 이상 올린 사람은 원칙적으로 구속영장을 청구하겠다고 밝혔다. 검찰은 또 재판에 넘어가서도 이들에 대해서는 원칙적으로 징역형을 구형하겠다고 밝혔다.

그렇다면 공안 검사는 어떤 사람들일까? 중국의 수사기관인 공안이 떠오를 수도, 독재 정권의 공안 통치가 떠오를 수도 있을 것이다. 먼저 '공안'이라는 단어는 공공의 안전을 의미한다. 형사부, 특수부, 강력부 등 검찰 안 일반 부서들은 일반 형사 사건, 권력형 비리, 조폭, 마약 등 사건의 특성에 따라 구분되지만, 공안부는 '사회 전체의 안정을 침해할 수 있는 사건'을 포괄적으로 맡는다. 이를 세부적으로 나누면, 국가보안법 위반 사건·선거 사범, 학원·노동·사회단체와 관련된 사건들이다.

공안 검사들은 검찰 조직 안에서도 '잘나가는' 사람들이다. 검찰 안에서 출세가 빠른 그룹은 크게 기획·특수·공안으로 나뉜다. 기획 검사들은 법무부·대검찰청 등에서 검찰 수뇌부의 참모 노릇을 하는 검사들이다. 이들은 기본적인 업무 처리 능력과 기관·부서 사이 조율 능력 등에서 높은 평가를 받는다. 검찰 수뇌부를 모셨다는 인연 역시 기획 검사들의 출세를 돕는 요인이 될 수 있을 것이다.

특수 검사들은 권력형 비리·비자금 사건 등 대형 사건을 담당하는 '칼잡이'들이다. '거악을 척결한다'는 전통적인 검사상에 가장 가까운 집단일 것이다. 젊은 검사들이 전통적으로 가장 선호하는 길이기도 하다. 그러나 앞뒤 가리지 않는 수사에 대한 집중력은 가끔 '손에 피를 너무 많이 묻힌다'는 평가를 낳기도 한다. 이 탓에 출세 자체와는 인연이 멀어지는 경우도 왕왕 있다.

공안 검사들은 '공공의 안전'이라는 관점 아래 사회적 파급력이 큰 사건을 전담하다 보니, 정치권력과 가장 근접한 거리에 위치한다. '이 사건을 어떻게 처리하는 것이 사회적 안정에 가장 도움될까'라는 고민을 늘 염두에 둔다는 것이다. 공안 검사들은 이를 '정무적 판단'이라고 부른다. '나오면 나오는 대로 간다'는 기질의 특수 검사들은 이를 검사답지 못한 모습이라 비웃기도 하지만, 이런 정무적 판단은 공안 검사들의 일반적인 특징이다.

또 공안 검사들은 대공 사건을 담당하다 보니, 국가정보원 등 정보기관들과도 긴밀한 관계를 유지한다. 검찰은 공안 검사 위주로 매해 검사 2명을 국정원에 파견하기도 한다. 2011년 4.27 재보궐 선거에서는 김해, 분당, 강원도에서 각각 빅 매치가 성사된 바 있다. 상징성도 컸고 여론조사도 오차 범위 안에 있을 정도로 접전이었다. 선거 결과를 두고 내기를 벌이던 선거 당일 날, 공안통인 한 검사는 두 차례 전화를 돌리더니 손학규, 김태호 의원과 최문순 도지사의 당선을 정확하게 맞춰내기도 했다.

공안 검사들의 특질인 정무적 판단은 기본적으로 국정 운영 철학과 기조를 같이 한다. '공공의 안전'이라는 추상적인 용어는 '집권 세력의 안전'으로 치환되는 경우가 잦다. 실제 김대중, 노무현 전 대통령이 집권한 10년 동안 공안 검사들은 '질서와 인권의 조화'를 내세우는 '신공안'으로 체질 개선을 하기도 했다. 정부의 의지와 함께 가겠다는 정무적 판단의 결과물이었을 것이다. 그러나 기본적으로 검찰은 보수적이다. 특히 옛 공안 검사들은 "우리 검찰이 아니면 국가 존립이 안 된다"는 태도를 가진 '우국지사'들이 많다. 이런 '구공안'들은 '신공안'의 득세를 못마땅하게 여겼다. 당시 '구공안' 스타일이었던 서울중앙지검 공안부 한 평검사가 '신공안' 스타일이었던 자신의 부장검사한테 "당신은 조선인민민주주의 공화국의 검사냐"고 일갈했다는 일화는 유명하다.

그러나 민주 정부 10년 동안 체질 개선을 위한 갈등을 겪었던 공안 검사들은 이명박 정부가 들어서면서 더 이상 고민할 필요가 없게 됐다. 공안 검사들에게 이 정부는 몸에 꼭 맞는 옷과 같았기 때문이다. 이들에게 남은 것은 투철한 국가관으로 무장하고, 국정 운영과 맥을 같이하는 정무적 판단으로, '공공의 안전'을 지키면 되는 일이다. 이들 눈에 SNS를 통한 정치적 논쟁은 무의미한 국론 분열에 불과했을 것이다.

그러나 최근 공안 검사로의 길을 걷기 시작한 한 검사는 불편함을 토로했다. SNS에 대한 검찰 지휘부의 과민 반응을 접한 뒤에 나눈 대화다.

"내가 보기에 SNS는 비슷한 이념적 성향을 가진 사람들이 모여 사적인 대화를 나누기도 하고 때로는 토론을 하는 공간인 것 같다. 기본적으로 비슷한 성향의 사람들이 모여 있기 때문에 내용이 증폭되기도 하고, 대단한 폭발력을 가진 것 같이 느껴질 때도 있지만, 가끔은 '찻잔 속 태풍'처럼 보이는 경우도 많다. 그런데 윗분들이 너무 걱정이 많은 것 같다. 오히려 이렇게 강력하게 단속하겠다는 의지를 밝히면 반발감이 쌓이고, 억압받는 희생자 정서가 더해져 더 설득력만 높여주는 꼴이 되는 것 같은데, 왜 이러는지 잘 모르겠다."

공안 검사들의 '걱정도 팔자'는 SNS 등 신기술 등장에 의한 의사소통 과정에 그치지 않는다. 이들은 물리적 선거 환경의 변화에 대해서도 민감하다. 오는 4월 국회의원 선거에서 처음 시행되는 재외국민선거의 경우가 그렇다. 검찰은 재외국민선거 제도가 입법화되면서부터 '선거 관리'가 어렵다는 의견을 내왔다. '(조총련 등) 해외 종북 단체의 불법 선거개입' '과도한 선거 비용' '단속 및 형사처벌의 한계' 등이 단골 메뉴다.

실제 검찰은 재외국민선거 제도 도입이 본격화되자 각종 자료와 분석을 제공하며, 언론에 재외국민선거 제도를 정비하라는 취지의 기사가 보도되길 기대했다. 예측 가능한 혼란을 막기 위해서라면, 바람직한 태도다. 그러나 기술적이건 물리적이건 새로운 선거 환경이 등장할 때마다 규제 위주의 시각만을 강요하는 것은, 창발적인 정치 행위 따위는 관심 없다는 태도와 크게 다르지 않을 것이다.

3 검찰은
어떻게 선거에 개입하는가?

이런 선거운동은 처벌하겠다

검찰이 가지고 있는 유권자·정치 세력의 이분법적 시각은 공직선거법 규정에서 비롯된다. 공직선거법 제1조는 '이 법은 대한민국 헌법과 지방자치법에 의한 선거가 국민의 자유로운 의사와 민주적인 절차에 의하여 공정히 행하여지도록 하고, 선거와 관련한 부정을 방지함으로써 민주정치의 발전에 기여함을 목적으로 한다'고 규정하고 있다. 그러나 그 속을 들여다보면 사정은 달라진다. 공직선거법은 기본적으로 '후보자 중심', '규제 위주'의 특징을 갖고 있다. 검찰이 선거를 바라보는 인식의 틀은 여기서 비롯되는 경우가 많다.

더구나 공직선거법은 규제 범위조차 매우 모호하게 규정하고 있다. 이는 공직선거법의 연혁과도 관련이 있어 보인다. 공직선거법은 2004년 이전에는 유권자 시민들의 선거운동 참여를 원칙적으로 금지하고, 예외적으로 허용하는 닫힌 구조를 가지고 있었다. 법 개정으로 선거운동을 할 수 있는 주체는 '원칙적 허용, 예외적 금지'라는 일반적인 열린 구조로 돌아섰지만, 선거운동 방법에 대해서는 여전히 광범위하게 규제하고 있는 실정이다. 예를 들면, 'A, B, C, D 기타 이와 비슷한 방법으로 선거운동을 한 자는 처벌한다'는 식으로 모호하게 규정하고 있는 것이다. 바로 이 지점에서 검찰의 힘이 극대화된다.

A씨는 2006년 8월부터 포털 사이트 네이버에 블로그를 만들어 운영하기 시작했다. 그의 블로그는 38개의 카테고리로 나뉘어 있었다. 이 가운데에는 '시가 빛날 때' '가락이 흐를 때' '노래이야기' '그림이야기' 등 개인적인 취미를 반영한 것도 있었고, '정치이야기' '노동이야기' '역사이야기' 등 묵직한 시사·정치 현안을 담은 곳도 있었다. 블로그 개설 뒤 1년 4개월 여가 지난 2007년 11월, 그의 블로그에는 4,329개의 글과 사진, 기사가 게시됐다. 모르긴 몰라도, 블로그 운영에 꽤나 재미를 붙였던 모양이다.

그가 한창 블로그 운영에 열중했던 2007년은 이명박 당시 한나라당 후보와 정동영 당시 민주당 후보 사이의 대통령 선거전이 치열했던 해였다. 온갖 미디어는 그들의 선거전을 중계했고, 쟁점을 부각시키는 데 주력하고 있었다. 이 가운데 그는 그해 9월 13일부터 11월 19일까지 「오마이뉴스」, 「한겨레」, 「프레시안」, 「민중의소리」 등 6개 언론사의 기사 12건을 자신의 블로그 '정치이야기' 카테고리에 올렸다. 그가 블로그에 올린 기사는 '경부운하 관련 정책이 계속 바뀌고 있으므로 현장 조사 뒤 정책 내용을 확정하라', '이명박 후보는 유력한 대통령 후보자로서 깊이 있는 공약을 내세워라', 'BBK 의혹의 중심인 김경준의 귀국과 관련된 한나라당의 이중적 태도', '이명박 후보의 지지도가 떨어지고 있다는 내용의 설문조사' 등이었다.

그리고 검찰은 그를 공직선거법 제93조 제1항 및 제254조 위반 혐의로 기소했다. 그가 올린 기사의 내용이 당시 유력한 대선 후보였던 이명박 대통령을 낙선시키기 위한 목적이었다고 판단한 것이다. 다소 딱딱한 법률 용어들이지만, 검찰이 당시 A씨를 기소했던 공소 사실의 요지 전문을 싣는다.

누구든지 선거일 전 180일부터 선거일까지 선거에 영향을 미치게 하기 위하여 정당 또는 후보자(후보자가 되고자 하는 자를 포함한다)를 지지·추천하거나 반대하는 내용이 포함되어 있거나 정당의 명칭 또는 후보자의 성명을 나타내는 광고, 인사장, 벽보, 사진, 문서·도화, 인쇄물이나 녹음·녹화테이프 기타 이와 유사한 것을 배부·첩부·살포·상영 또는 게시할 수 없고(공직선거법 93조 제1항), 또 선거운동 기간 전에 선거운동을 할 수 없다.(공직선거법 254조)

그럼에도 불구하고, 피고인은 2007. 12. 19. 실시되는 제17대 대통령 선거와 관련하여 인터넷을 통하여 한나라당 후보자인 이명박을 낙선 시키는 활동을 전개하기로 마음먹고, 2007. 9. 13. 22:22경 피고인의 주거지에서, 컴퓨터를 이용하여 인터넷「오마이뉴스」에 접속한 다음, 위 사이트에 있는"대통령 자질 의심케 하는 이명박 후보의 성매매 발언"이라는 제목의"이명박 한나라당 대통령 후보가 지난 8월 28일 서울 시내 한 중국 음식점에서 주요 중앙일간지 편집국장 10명 가량과 저녁 식사를 하는 도중 '여성'에 관한 부적절한 비유를 한 것으로 알려지고 있다. 이명박 후보는 이 자리에서 '특수 서비스업'에 종사하는 여성을 선택하는 방법에 대한 '인생의 지혜'로써 '현지에서 가장 오래 근무한 선배는 마사지 걸들이 있는 곳을 갈 경우 얼굴이 덜 예쁜 여자를 고른다더라. 왜 그럴까 생각해봤는데 얼굴이 예쁜 여자는 이미 많은 남자들이… (일부 생략) 그러나 얼굴이 덜 예쁜 여자들은 서비스도 좋고… (일부 생략)'식의 이야기를 했다고 한다. 이번 이명박 후보의 발언도 기자들과의 폭탄주 회동 자리였다는 점, 여성에 대한 비하 내지는 성희롱 발언이었다는 점, 약속이나 한듯 언론들이 침묵을 지키고 있다는 점에서 거의 유사한 사례라 할 수 있다. '편하게 비공개로 저녁식사를 하는 자리였고, 폭탄주를 마신 상태였기 때문에 보도를 하지 않고 있는 것'이라는 언론들의 해명도 똑같다. 그간 7년이란 세월이 지나면서 '성매매방지특별법'도 제정되고, 우리 사회의 인권의식이나 성의식도 많이 개선되었지만. 정치인과 언론인들의 '폭탄주 회동' 문화나 여성 비하 의식이 여전하다는 것을 여실히 보여주는 것이 이번 이명박 후보 발언의 사례다. 이명박 후보가 친구들이나 지인들을 어느 술집 구석에서 만나서 그런 대화를 나눴다면 공개될 이유도 없을 것이고, 문제 삼을 수도 없었을 것이다. 그것은 그야말로 사적인 자리라 할 수 있다. 하지만 유력한 대통령 후보가 측근 정치인들과 함께 신문사 편집국장을 만나는 자리가 사적인 자리라고 할 수 있는가? 예전의 '관기발언'도 그렇지만, 벌써부터 기자들과 폭탄주를 나눠 마시면서 음담패설이나 주고받는 사람이 과연 대통령이 될 자격이 있는지 의문이다…"라는 기사를 퍼와 자신의 위 블로그에 이를 게재하였다.

피고인은 위와 같이 글을 게재한 것을 비롯하여 별지 범죄일람표 기재(12건의 기사 게시)와 같이 그때부터 2007. 11. 19.까지 모두 12회에 걸쳐 위 이명박 후보를 반대하는 내용의 글을 게시하였다. 이로써 피고인은 탈법 방법에 의한 문서 등을 게시함과 동시에 사전 선거운동을 하였다.

검찰은 A씨가 운영하는 개인 블로그에 주요 언론사의 선거 관련 기사를 퍼 올린 사실만으로 A씨가 '선거에 영향을 미칠 목적을 가졌거나, 이명박 후보를 낙선시키기 위한 선거운동을 한 것'이라 낙인찍은 것이다.

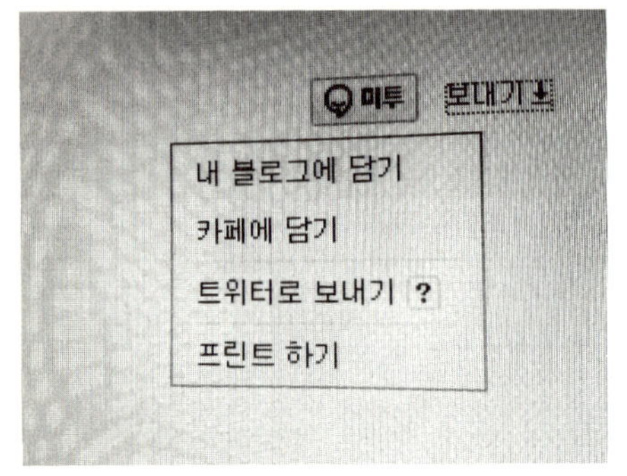

그러나 서울중앙지법은 A씨에 대해 무죄를 선고했다. 법원은 "대의민주주의를 채택하고 있는 우리나라 헌법 질서 아래에서 주권자인 국민은 공직자를 선출하는 선거에서 자유롭게 참여하여 그 의사를 표현할 수 있어야 하며, 이러한 선거의 자유는 최대한 보장되어야 한다"고 판결문을 통해 밝혔다. 법원은 이어 "블로그 운영자가 개인적인 일상·취미·관심사 등을 기록 수집하는데 그 관심사의 하나로서 정치·선거 관련 글을 기록 또는 수집하여 게시한 경우로 그 글의 게시가 일상적으로 해오던 블로그 운영의 틀 안에 있다면 그러한 행위에 '선거에 영향을 미치게 하기 위한 목적'이 있다거나, '특정인의 당선 또는 낙선을 도모하기 위한 능동적·계획적 행위'라고 단정할 수는 없다"고 판단했다. 법원은 판단의 근거로 A씨가 정당 또는 사회단체에 가입한 적이 없고, 당시 어떤 선거운동에도 가담한 사실이 없다는 점을 들었다. 법원은 또 A씨가 1년 4개월 동안 4,329개의 글을 올렸으며, 2007년 대통령 선거 전 6개월 동안 무려 1,600여 개의 글을 올렸는데, 그 가운데 단 '12건'만을 문제 삼아 공직선거법 위반 혐의로 기소했다는 사실도 중요한 근거로 제시했다. 그가 게시한 글은 모두 주요 언론사의 기사들로, 한나라당 또는 이명박 후보의 입장과 해명이 반영된 나름 중립적인 글이었다. 법원은 이에 따라 피고인이 이 사건 12개의 글을 자신의 블로그에 올린 행위는 여러 가지 분야(38개의 카테고리)에 대해 일상적인 관심을 가지고 있던 피고인이 그 관심사 중 하나인 당시 정치 상황에 관한 글을 블로그에 올린 것에 불과하다고 봤다. 그러나 무죄를 받아내더라도 검찰 조사와 재판 과정을 거치는 것은 개인에게 있어서 혹독한 일이다. 더구나 A씨는 검찰의 계속된 항소로 대법원까지 3심을 모두 거쳐야 했다. 무죄 판결은 이렇게 '상처뿐인 영광'인 경우가 많다. A씨는 아마 '앞으로 다시는 선거와 관련된 글은 블로그에 올리지 말아야겠다'고 생각했을지 모른다.

법은 말이 없다

이런 촌극은 왜 반복되는 것일까? 우리는 일단 법의 한계에 대해 생각해봐야 한다. 법은 짧은 수백 개의 문장으로 인간의 행위를 규율하겠다는 과도한 욕심의 결과물이다. 앞서 봤던 A씨의 행동에 대해 '후보자를 낙선케 할 목적으로'라는 수식어는 맞는 것인가, 틀린 것인가? 사람마다 판단이 다를 수 있겠지만, 법 조항 자체는 말이 없다.

자, 그럼 더 포괄적인 단어는 어떻게 해석해야 할 것인가? '(…)기타 이와 비슷한 방법으로 선거운동을 하면 처벌한다'는 조항이 있다. 기타 이와 비슷한 방법이라는 짧은 단어에 포괄될 수 있는 행위는 얼마나 될까? 수없이 많은 개인들의 행동을 이 한 단어에 집어넣는 것은 누구의 몫일까?

이 지점에서 검찰의 역할이 극대화된다. 공직선거법 적용을 둘러싸고 선관위, 법원 등 많은 조직이 각자의 역할을 담당하지만, 검찰은 그 안에서도 '최초의 법률적 판단'이라는 권한을 독점하고 있다. 선관위는 선기 과정 전빈을 지원하고, 공직선거법 위반 행위를 직접 단속한다. 그러나 이들이 공직선거법 위반으로 의심되는 행위를 포착하더라도, 그에 대한 법률적 판단은 검찰에 넘겨야 한다.

법원은 공직선거법 규정의 모호함을 수많은 판례를 통해 채워주고 있다. '죄가 된다', '죄가 안 된다'를 판단하는 것은 법원의 몫이다. 그러나 그들이 판단할 수 있는 근거, 곧 밥상을 차리는 것은 검찰의 몫이다. 법원은 검찰이 차린 차례상이 '홍동백서' '조율이시' '어동육서' 따위 법도에 맞는 것인지 판단할 뿐이다.

검찰과 법원도 법률에 대한 해석 권한이 얼마나 큰 권력인지를 잘 알고 있다. 법원과 검찰은 기본적으로 헌재가 내놓은 변형결정[2]

에 대해 효력을 인정하지 않고 있다. 법률 해석이라는 권한을 놓고 힘겨루기를 하고 있는 셈이다.

검찰은 이미 기소한 피고인 말고 앞으로의 수사에 대해서도 헌재의 결정은 별 관계가 없다는 입장이다. 검찰 고위 관계자는 헌재의 선고 당일 "우리가 하고 있는 수사와는 전혀 관계가 없다"는 설명만 되풀이했다. 헌재의 결정 내용을 정확히 모르기도 하거니와, 공직선거법 제93조 제1항이 위헌 결정으로 효력을 잃더라도 같은 행위를 대부분 사전 선거운동 금지 조항 위반으로 함께 처벌해왔기 때문에 제93조 제1항 하나의 조항이 효력을 잃더라도 관계 없다는 설명이 이어졌다.

그럼 구체적인 수사 사례로 간단한 O·X 퀴즈를 풀어보자. 살아 움직이는 인간의 행동이 법적으로 어떻게 해석되고 있을까? 다음 중 선거법 위반인 사례는 어떤 것이 있을까?

사전 선거운동

• 공직선거법 제254조는 엄격하게 정해져 있는 선거운동 기간을 제외하고 선거운동을 한 자는 처벌하도록 규정하고 있다.

1. 지방의회 의원은 임기 안에 지역구민들을 상대로 의정활동 보고회를 개최할 수 있도록 보장하고 있다. 지방의원 A는 다가올 선거에 다시 출마할 생각이었다. A는 지역 주민을 상대로 의정활동 보

고회를 개최하면서 초청장을 돌렸는데, 그 안에 자기 사진을 크게 실었다. A는 사전 선거운동 위반 혐의로 처벌될 수 있을까?[3]

2. B는 의정활동 보고회를 개최하면서 의정활동 보고서도 만들어 지역 주민들에게 배포했다. 그런데 이 의정활동 보고서에는 임기 동안 B가 해왔던 의정활동과 의례적인 인사말 뿐만 아니라, 다음 임기 지방의회가 다뤄야 할 지역 현안들이 중점적으로 실렸다. 그리고 B는 그 현안들에 대해 앞으로 자신이 어떤 활동을 할 것인지를 약속하는 공약을 실었다.[4]

3. 법무사 C가 선거를 앞둔 해 지역주민들한테 연하장을 1,000부 정도 돌리면서, 법원에서 근무했던 경력을 적어 넣었다. C는 법무사 개업 이래 매해 1,000여 명에게 연하장을 돌려왔지만, 법원 근무 경력을 내세워 경력을 소개한 일은 없었다.[5]

4. 장차 선거에 출마할 도지사 D는 직능단체 임원으로 상당한 정치력을 가진 인물을 도지사실로 불러 면담을 하면서, 자기를 도와달라는 취지로 "이 오빠도 좀 챙겨라"라고 말했다.[6]

눈치 챘는지 모르지만, 홀수 사례는 사전 선거운동 혐의로 처벌할 수 없다. 그에 비해 짝수 사례는 유죄가 확정된 경우다. 검찰과

법원은 이같은 행위가 일상적인 행위인지, 혹은 선거운동을 목적으로 하는지를 당시 정황·추정할 수 있는 행위자의 동기 등으로 통해 판단한다.

무소속 후보자의 정당 표방 제한

• 무소속으로 선거에 나서는 후보자는 특정 정당의 지지 또는 추천을 받고 있다는 사실을 표방할 수 없다. 그러나 단순히 한 정당의 당원 경력을 표시하는 것은 가능하다.

1. 무소속 후보인 A는 선거 홍보물에 특정 정당에 대한 지지 의사를 밝히고 과거 정당 활동 경력 및 함께 활동하던 동료, 정당 대표자, 전·현직 국회의원, 대통령과 함께 찍은 사진을 선거 홍보물에 인쇄해 지역구민한테 돌렸다.[7]

2. 무소속 후보인 B는 선거벽보의 경력란 위에 '국민의 정부와 함께 합니다'라고 기재하고, 돋보이는 색깔로 박스 처리를 했다. B는 또 선거벽보의 후보자 이름 바로 위에 '00당 XX동 자치위원장'이라고 적어 넣은 뒤 그 둘레를 다른 색으로 두르고, 글자 크기도 다른 일반 경력에 비해 크게 처리했다.[8]

3. C는 중앙당이 정식으로 창당되지 않은 정당에 입당을 하지 못한

상태에서 우선 무소속으로 선거에 출마를 했다. 그런데 이 당의 창당준비위원회 간부가 선거운동 기간에 C의 지역구를 찾아 연설하는 등 선거운동을 도왔다.[9]

4. 00당 공천에 탈락한 C는 탈당해서 무소속 후보로 출마한 뒤, 00당에 대한 지지 발언을 하면서 당선되면 다시 00당에 입당하겠다고 공언하고, 00당의 당기를 앞세우고 선거운동을 했으며, 00당 도지사 후보의 선거운동 차량에 자기 사진도 함께 부착했다.[10]

이번에도 마찬가지였다. 짝수 사례는 무소속 후보자의 정당 표방 행위로 판단해 처벌받았다. 검찰과 법원은 무소속 후보자가 정당의 지지를 '표방'하는 것은 자신이 어느 정당과 정책을 지지힌다고 드러내는 것이 아니라, 해당 정당이 자신을 '밀고' 있다고 오해하도록 하는 경우를 뜻한다고 해석하고 있다.

탈법 방법에 의한 문서·도화 배부 금지

• 선거일 180일 전부터는 선거에 영향을 미치기 위해 정당 또는 후보자를 지지 또는 반대하는 내용의 벽보·사진·그림·문서 등을 돌려서는 안 된다.

1. 주간신문인 「00민보」는 연례적으로 지역 유지들의 신년사와 휘

호, 약력을 실어왔다. 여느 해와 마찬가지로 올해도 「00민보」 발행인 A는 손꼽히는 지역 유지의 신년사와 휘호, 약력을 담아 신년호 신문을 발간했다. 그런데 올해 신년호에 소개된 유지는 그해 봄 치러진 선거에 출마를 하기로 결정한 상태였다.[11]

2. 지방에 지역구를 둔 국회의원인 B는 명함 뒷면에 서울과 자신의 지역구 사이를 오가는 KTX 시간표를 넣어 이를 지역구민에게 돌렸다.[12]

3. 00당 지구당 위원장인 C는 지역에 신문이 창간되자 축하 광고를 냈다. 그러나 C는 자기 직위나 성명 등을 부각시키지는 않았다. 그는 또 지구당 소식지에 공천자의 사진과 경력 등을 실어 당원 및 당직자에게 뿌리기도 했다.[13]

4. 한 기관 협회장인 D가 협회 소식지에 '나의 제언'이라는 코너에 특정 대통령 선거 예비 후보자의 원고를 싣고, 이를 다수의 선거구민들에게 배부했다.[14]

역시 짝수 사례만 공직선거법 위반으로 처벌을 받았다. 공직선거법 제93조 제1항은 'SNS 등 인터넷을 기반으로 한 문서·사진도 처벌하는 것으로 해석하는 한 위헌'이라는 헌재의 한정위헌 결정을 받았지만, 오프라인으로 발간되는 간행물·인쇄물 등은 계속해서 규제할 것이다. 이때 검찰과 법원은 해당 문서·사진 등을 먼저 본 뒤, '선거에 영향을 미칠 목적'을 역으로 판단하게 된다. 그 위험성의 근거는 이렇듯 모호하다.

의정활동 등 보고의 제한

• 국회의원 또는 지방의회 의원은 선거일로부터 90일 이전까지는 선거구민을 대상으로 자유롭게 자신의 의정활동을 보고할 수 있다. 단, 선거일까지 90일이 채 남지 않은 경우에는 인터넷 게시판 등에 의정활동 보고서를 게시하는 방식으로만 자신의 의정활동을 보고할 수 있다.

1. 선거에 출마한 A는 선거일이 임박했음에도 미리 만들어둔 의정활동 보고서를 자기 선거운동 본부의 자원봉사자들한테 나눠주고 읽어보게 했다.[15]

2. 지방의회 의원인 B는 여성 유권자들의 표심을 얻기 위해 지역 여성 센터에서 열린 주부대학이 끝난 뒤 주최자의 허가를 얻어 의정활동 보고회를 열었다.[16]

3. 지방의회 의원인 C는 공직선거법에 의정활동 보고회 장소 제한

이 없는 점에 착안해, 지역 주민이 많이 오가는 길거리에서 의정 활동 보고회를 열었다.[17]

4. 국회의원 D는 의정활동 보고회를 열고 책자와 비디오 테이프, CD 등의 형태로 보고서를 발간해 지역 주민들에게 무료로 배포했다.[18]

이번엔 홀수 사례만 공직선거법 위반 혐의로 처벌을 받았다. 공직선거법은 의정활동 보고회를 연다는 사실을 알리는 안내서에 대해서는 형태와 규격, 배포 방식 등을 엄격하게 규정하고 있지만, 정작 보고서 자체의 형식에 대해서는 별다른 규제를 하지 않고 있다. 공직선거법이 선거에 큰 영향을 미칠 수 있음에도 불구하고 의정활동 보고회를 인정하는 이유는, 지역구민의 대표인 의원이 자신을 선출해준 유권자한테 활동을 보고한다는 직접민주주의적 요소 때문이다. A와 C는 선거일이 임박하거나, 불특정 다수인에게 자기 얼굴과 이름을 알리기 위해 의정활동 보고회를 이용한 측면이 크기 때문에, 검찰과 법원은 유죄로 판단한 것이다.

기타 사건

1. 선거에 출마하는 예비 후보자는 오프라인에서 다른 선거운동을 할 수 없고, 유권자들에게 정해진 크기의 명함을 건네는 방식으로

만 선거운동을 할 수 있다. 그런데 예비후보자 A는 직접 명함을 건네지 않고, 집집마다 방문해 사람이 없는 집에는 문틈으로 명함을 밀어 넣거나 현관의 우편함에 자기 명함을 두고 왔다.[19]

2. 경찰 정보과에서 일하는 형사 B는 유력한 대통령 후보자인 000 씨가 관할 지역에 와 유세를 할 계획이라는 사실을 알게 된 뒤, 인터넷 네이트온 메신저에 접속해서 지역 주민·경찰 동료·다른 기관 관계자 17명한테 "내일 12시 000후보가 XXX에서 선거 유세를 할 예정입니다"라는 단체 문자메시지를 발송했다. 문자를 전송받은 17명은 모두 대통령 선거의 유권자들이었다.[20]

검찰의 또 다른 손, 재량권

앞서 본 O·X 퀴즈에 등장하는 사건을 보면, 공직선거법 규정이 그리 정밀하게 현실 세상을 반영하고 있지 못하다는 느낌이 들 것이다. 사실 공직선거법 조항 자체는 불과 300여 개에 불과하다. 아무리 구체적인 예를 들어 법조문을 만들어 놓는다 해도, 그 수백 개 문장만으로 인간의 행위를 완전히 규율한다는 것은 '미션 임파서블'에 가까운 일이다.

이는 결국 검찰의 최초 법률적 해석과 이 해석이 맞는지를 판단하는 법원의 판결을 통해 구체화된다. 법원은 수많은 판례를 만들어내고, 선관위는 다양한 유권 해석을 내놓지만 세상은 변하고, 인간은 다양한 선택 사이에서 법망의 한계를 넘나들게 될 것이다.

물론 일반 국민들 사이에서는 검찰이 가진 최초의 법률적 판단이 가장 큰 의미를 가질 것이다. 그런데 검찰은 광범위한 재량권도 함께 가지고 있다. 불기소 처분(혐의없음·죄안됨·기소유예 등), 약식기소, 정식 기소, 구속영장 청구 등 광범위한 처분 범위가 그것이다. 이런 검찰의 처분은 기본적으로 불친절하다.

이는 수사의 기본적인 특징 탓이다. 수사는 은밀해야 한다. "우리가 당신 수사하고 있습니다" 떠벌리며 수사하는 기관은 없을 것이다. '수사의 밀행성'을 지키기 위해, 검찰은 기소 단계 이전까지 수사 내용을 숨길 의무와 권리를 동시에 가지고 있다. 또 수사 활동은 한 사람의 사생활을 온전히 훔쳐보는 일이기도 하다. 이 내용이 낱낱이 공개되는 것은 개인의 인격권에 대한 심각한 침해일 수 있다. 이에 우리 형법은 '피의사실 공표'를 범죄로 규정하고 있다.

결국 검사가 "내가 검토해봤는데, 죄 안 된다"라며 불기소 처분을 하면, 누가 어떤 행동을 저질러 수사를 받았고 검찰이 왜 불기소 처분을 했는지는 드러나지 않게 되는 셈이다. 반대로 기소를 하게 되는 경우, 수많은 개인들은 수사와 재판 과정이라는 고통을 겪을 수밖에 없을 것이다. 이런 판단은 온전히 검찰의 몫이다. 그 판단의 영역에 깊이 파고들어 옳고 그름을 따질 수 있는 감시자는 없다.

실제 방금 약식 퀴즈를 통해 살펴 본 여러 가지 사례들은 모두 검찰의 수사 선상에 올랐거나, 기소돼 재판을 통해 결론이 내려진 사건들이다. 익명의 당사자 A, B, C, D가 당신 또는 당신 주변의 사람들이었다면? 검찰 수사와 재판 과정을 견뎌내야 했다면? 검찰의 법률 해석 권한과 수사가 위협으로 느껴지지 않았을까.

4 무엇이 정당한 수사인가

공직선거법의 입법 취지는 공정한 선거 문화를 보장하고 이를 통해 민주주의의 발전을 도모하는 데 있다. 선거 과정에서 나타날 수 있는 금품 살포, 상호 비방, 조직 동원 등의 범죄 행위는 분명히 엄단되어야 할 것이다. 이런 측면에서 검찰의 공직선거법 수사 자체를 백안시할 이유는 없을 것이다. 그러나 검찰 조직 안에서도 우수하다고 인정받는 공안 검사들도 공직선거법 위반 사건 수사는 어려운 일이라고 혀를 내두른다.

먼저 주로 후보자 중심으로 다양한 규제를 두고 있는 현행 공직선거법에 따라 수사를 벌이다 보면 정당·선거캠프를 표적으로 삼게 될 것이다. 선거캠프는 보통 선거 상황을 총괄하는 상황실장과 인력을 관리하는 조직책, 재정을 담당하는 자금책 등으로 나눠진다. 명확한 계통과 위계가 존재하는 하나의 조직인 셈이다. 조직에 대한 선거는 쉬운 일이 아니다. 공동의 목적을 향해 움직이는 조직에서, 꼬리를 자르는 것이 그리 어려운 일은 아니기 때문이다. 정치권력을 쥐고 있는 윗선을 중심으로 공생 관계를 맺고 있는 하급자들은 '내가 모시는 상선이 힘이 쥐고 있어야 나도 살 수 있다'는 믿음을 가지고 있다. 이들은 심지어 '꼬리 자르기'에 희생당하더라도 사면·복권 등을 기대하며, 충성심을 버리지 않는다.

또 정치인들은 늘 정치자금에 대한 수사를 염두에 두고 행동한다. 기본적으로 차명계좌와 현금을 이용한다는 것이다. 돈이 건네지는 결정적 장면을 포착하거나 믿을 만한 내부 제보가 있지 않은 이상, 일상적인 감시와 단속만으로 공직선거법 관련 범죄를 잡아내기는 어려운 실정이다. 공안부에서만 15년 이상 근무한 한 검찰 간부는 "가장 힘든 수사가 선거사범 수사"라고 말했다. 그는 "선거사범 수사는 결정적인 단서 하나 잡는다고 되는 게 아니다. 수사 단서는 거의 대부분 실무진의 현장 움직임에서 포착되는데, 그 실무진한테 윗선의 지시를 받았다거나 보고를 했다는 진술을 확보하는 것 자체가 어렵다"고 말한다.

실제 검찰은 박희태 전 국회의장의 2008년 한나라당 전당대회 돈봉투 살포 의혹 사건에서도 애를 먹었다. 검찰은 국민 여론을 의식해 박희태 전 의장을 불구속 기소했지만, 애초 고승덕 새누리당 의원이 폭로한 '300만 원 돈봉투'를 제외한 다른 혐의는 단 하나도 밝혀내지 못했다. 물론 검찰은 당시 박희태 의장 캠프의 조직 및 재정 관리자, 상황실장 등을 두루 소환해 조사했지만, 이들은 모두 '모르쇠'로 일관했다.

또 검찰 지휘부를 통해 내려오는 정치권력의 압박 역시 수사팀으로서는 부담스러운 일이다. 한 검찰 간부는 "공직선거법 수사는 기본적으로 당락을 좌우할 때가 많고, 반사 이익은 상대 후보가 얻는 경우가 많다"며 "부담스러운 수사일수록 수사팀이 전적으로 사건을 핸들링하기보다는 검찰 수뇌부가 조율을 맡는 경우가 많다"고 말했다. 박희태 의장 사건의 경우 역시 마찬가지였다. 검찰 안팎에서는 "현 검찰총장 등 지휘라인의 장악력이 너무 높아, 수사팀이 제대로 의견을 피력하지 못한다"는 이야기가 나돌았다.

그러나 난관이 있더라도 꼭 해야만 하는 수사라면 '잘 해야' 한다. 공직선거법은 누가 뭐래도 대의민주주의 체제의 근간을 유지하고 발전시키기 위한 기본법이다. 법 자체의 잘못을 바로잡는 일은 입법부와 헌재에 맡기더라도, 검찰은 이 법을 통해 선거 제도의 근간을 지키는 역할을 해야 한다. 검찰 조직의 이익을 위해 '선거

를 관리하려는' 욕심을 버리고, 최소한의 개입으로 룰 자체가 훼손
되는 것은 막아야 한다는 것이다.

기계적 균형에 대한 집착을 버리자

균형잡힌 '수사'는 중요하다. 그러나 과도한 균형 감각에 대한 집
착을 버려야 한다. 정치적 중립성을 요구하지 않고 과도한 균형 감
각을 버리라 주문하는 것이 이상하게 들릴 수 있을 것이다. 그러나
검찰 조직을 관찰한 결과, 과도한 여·야 균형에 대한 집착은 오히
려 정치 세력에 대한 과도한 관심을 의미한다. 시시비비를 가린다
는 단순 명료한 자세를 지키지 못한 검찰이, 비판을 피하기 위해 내
세우는 일종의 '면피'일 수 있다는 것이다.

한 검사는 지방 지청에서 근무하던 시절 이야기를 했다. 마침 선
거 기간이어서 두 명의 검사가 여·야를 나눠 수사했는데, 여당 쪽
을 맡은 검사가 먼저 성과를 냈다. 그는 지역 청년위원장을 체포해
조사하고 체포 시한인 48시간이 지나는 대로 구속영장을 청구할
계획이었다. 그런데 당시 유력한 여당의 정치인이 해당 지역을 방
문하기로 결정돼 있었다. 그는 지역을 방문한 뒤 청년위원장의 체
포 소식을 듣고 검찰 고위직에 전화를 걸었다고 한다. "나를 표적
으로 이같은 수사를 벌이고 있느냐? 그게 아니라면 유력 대선 주자

에 대한 예우가 이것밖에 안 되냐"는 취지였다고 한다. 그 뒤 대검찰청과 법무부에서 연락이 왔다. 그 검사는 청년위원장을 풀어주고 나중에 야당 쪽 수사에서도 비슷한 수준의 성과가 나온 뒤에야 함께 구속영장을 청구할 수 있었다고 한다.

물론 수사에 있어서 여·야에 대한 균형을 생각하는 것은 중요한 덕목일 수 있다. 그러나 여·야에 대한 기계적 형평에 집착하는 것은 그 자체로 정치 세력과의 관계에 과도한 신경을 쓴다는 방증일 수 있다. 더구나 앞서 본 대로 기본적으로 검찰 조직은 정부 조직의 일부로서 행정부 수반인 대통령과 그를 지지하는 여당의 입김에서 자유롭기 어렵다. 검찰이 기계적 형평에 신경을 쓰는 것이 정치 세력에 대한 배려와 협조를 의미한다면, 결정적인 순간에는 그만큼 강한 여당 편향성을 보일 수도 있다는 것을 의미한다. 여·야를 떠나 그저 혐의점이 나온 대로 수사하고 처벌하기를 바라는 것은 어려운 일인가?

수사는 여론전이 아니다

수사 과정에서 피해야 할 것은 '언론 플레이'다. 검찰은 일상적인 공직선거법 수사에서 기계적 형평을 추구할 정도로, 정치 세력의 움직임에 민감하다. 그런 검찰의 입장에서 조직의 명운을 건 수사를 벌일 때가 있다. 곽노현 교육감 사건의 경우가 대표적인 예다. 한명숙 전 국무총리에 대한 두 차례 기소에서 잇따라 참패한 검찰이 곽노현 교육감에 대한 수사를 벌였다. 구체적 제보에 의한 수사였건, 정치적 선택이었건 이번 수사마저 실패로 돌아간다면, 검찰 조직의 부담은 만만찮았을 것이다. 정치적 중립성에 대한 시비를 떠나, 검찰의 '수사력' 자체에 대한 의구심이 생길 수도 있는 상황이었다.

특히 검찰은 수사 초기 여론전에서 밀리기 시작했다. 한명숙 전 총리 수사의 학습효과 때문이었다. 검찰이 정권 비판 세력에 대해서만 너무 가혹한 칼날을 들이밀고 있다는 여론이 비등하기 시작했다. 수사 초기 곽노현 교육감의 혐의 사실을 전하는 언론 보도가 이어진 데 대해, 검찰이 '피의사실 공표'를 하고 있다는 비판도 이어졌다. 이에 검찰은 날마다 출입기자단을 불러, 곽노현 교육감 쪽과 여론전을 벌였다. 아침이면 보수 언론을 중심으로 곽노현 교육감의 새로운 피의 사실을 보도하고, 곽노현 교육감 쪽에서 이를 두고 검찰을 비판하면, 다시 검찰이 날선 맞대응을 벌이는 상황이 이어졌다.

이 과정에 검찰의 태도도 바뀌기 시작했다. '피의사실 공표'를 핑계로 기자와의 접촉 자체를 피하던 검찰 간부들이 먼저 기자들에게 전화를 걸어 만남을 요청하거나, 잇따른 언론의 질문에 "확인해 드릴 수 없다"는 공식 답변을 내놓지 않고 친절한 설명을 하기 시작했다. 곽노현 교육감의 혐의를 쫓아가던 언론의 기사들은 그 만큼 상세하고 정확하게 검찰의 논리를 반영하기 시작했다.

물론 곽노현 교육감은 검찰 뜻대로 기소됐고, 1심 재판부 역시 그에 대해 유죄를 인정했다. 그러나 사건 자체의 결론을 떠나, 수사 진행 과정을 통해 검찰은 다시 한 번 '업보'를 쌓았다. 곽노현 교육 감과 그를 지지한 시민들의 마음속에 검찰은 노무현 전 대통령과 한명숙 전 국무총리에 이어 또 다시 검찰과 언론의 희생양이 된 셈 이기 때문이다. 제2·제3의 곽노현 교육감 사건이 일어나게 되면, 국민들은 과연 검찰 수사를 신뢰할 수 있을까? 조직의 명운을 건 수사 과정이다 보니 다급했을 수 있다는 점은 잘 알지만, 피의자와 그를 지지하는 세력은 다시 한 번 검찰과 언론의 작동 방식에 신뢰 를 잃게 됐다.

깨끗하게 맑게 자신있게

어차피 정치적 중립성을 기대할 수 없다면, 중립성을 대체할 투명 성을 강화하는 것은 어떨까? 한 검찰 간부는 이런 제안을 해왔다.

"지금 검찰에 필요한 것은 정치적 편향성을 극복하라는 쉬운 비 판이 아니다. 연혁적·조직적 한계 탓에 검찰은 정치적 편향성을 결코 극복할 수 없을 것이다. 대신 그 자리에 투명성이 들어와야 한다. 지금 검찰이 힘을 발휘할 수 있는 이유는 숨겨져 있는 재량권이 많기 때문이다. 불기소 처분과 기소 사이에 어떤 판단 과정이 숨어 있는지를 감시하는 것은 불가능하다. 그 안에서 검찰은 얼마든 장난을 칠 수 있다."

그에 따르면 미국의 일부 주, 독일의 검찰은 사건 처리 단계에서 교환되는 주요 판단을 문서로만 전달한다고 한다. 작은 쪽지건 정식 공문서건 사건 처리 과정에서 교환되는 수사팀과 지휘부의 의견은 모두 보존 처리돼 검찰 문서고로 향한다. 그리고 일정 기간(20~30년)이 지난 뒤 이 기록물은 공개 대상으로 전환된다고 한다. 해당 사건의 당사자는 시간이 흐른 뒤 적어도 자기 사건이 어떤 과정을 통해 결론에 이르게 된 것인지를 알 수 있게 될 것이다. 역사 앞에 자신의 결정 내용이 공개될 수 있다는 간접 강제 수단을 이용해, 최소한의 합리적 판단을 강요하는 방식으로 이해된다.

그러나 우리 검찰은 수사 과정의 기밀성, 피의사실 공표 등 정보 공개를 막고 있는 법률 조항을 근거로 장막 뒤에 숨어 있는 상황이다. 쉽게 말해, 수사 중인 사건 하나 봐주기로 작정하면, 증거 불충분 등 이유를 들어 얼마든 무혐의 처분할 수 있다는 것이다. 검찰 내부에서도 결재 라인을 통해 통제와 내부 감찰은 이뤄지고 있지만, 외부로부터의 통제·감시와 비교하기는 어려울 것이다.

나 아니면 안 돼?

최근 막을 내린 한나라당 전당대회 돈봉투 사건 수사 과정을 지켜본 한 검사장급 간부는 "아쉽다"는 이야기를 연발했다. 사건의 성격을 생각하면 일반적인 검찰 수사의 방법론을 택하지 말았어야 했다는 것이 그의 결론이었다. 공안 수사 경험이 많은 그는, "단일한 선거 캠프 안에서 일어난 일을 추적해서 끝낼 수 있는 사건이라면, 계좌 추적을 하고 핵심 당사자의 집과 사무실을 압수수색하는 등 증거를 모은 뒤, 당사자를 추궁해야 한다. 그러나 이 사건의 경우는 성격 자체가 달랐다"고 말했다. 경선 과정에 무차별적으로 돈이 살포됐을 가능성이 높은 사건이고, 그만큼 관련된 정황을 알고 있는 사람도 많았을 터라는 지적이다. 그는 "국회 의장과 청와대 정무 수석까지 연루된 사건인데 캠프 내부에서 자백 진술을 받을 수 있으리라 생각하기 어렵다. 차라리 주변 정황을 최대한 많이 끌어 모아 이를 바탕으로 수사를 벌리는 편이 나았을 것"이라며 "검찰의 전통적인 수사 방법으로는 한계가 있으므로, 경찰 30~40명을 풀어서 경선 참여자를 훑고 다녔으면 더 좋은 결과가 나왔을 것"이라고 말했다.

공안 검사 출신 검사장이 이 정도 이야기를 꺼낸 것은 사실 굉장히 파격적인 일이다. 현직 국회의장과 청와대 정무수석이 처벌된 수사에 검찰보다 경찰이 적격이었다 평가하다니 말이다. 비록 이런 태도가 '돈봉투 수사'로 뭇매를 맞은 검찰의 처지를 비관한 탓인지는 모르지만, 거듭된 실패에도 '검찰 만능론'을 설파하는 것보단 낫지 않은가.

비단 수사에서의 문제만이 아니다. 검찰은 스스로 역할을 너무 과대 포장하고 있는 듯 하다. 경찰과의 수사권 조정, 검찰 개혁 방안 등에 마치 국가 정체성이 흔들리게 된다는 양 반발하는 모양새가 그렇고, 선거 과정을 스스로 관리하겠다 완장 차려는 모습이 그렇다. 물론 검찰은 법질서의 중추를 잡는 중대한 역할을 하고 있다. 그러나 민주주의의 실험장인 선거 현장에서는 뒤로 물러서는 편이 맞다. 유권자인 국민들이 검찰 눈에는 어리석고 모자라 보이더라도 말이다. 아이들이 혼자 자전거를 타는 법을 배우기 위해서는, 뒤를 잡고 따라주던 아버지가 언젠가 손을 놓아야 한다. 얼핏 그의 앞길이 불안해 보이더라도.

04

지구적으로 투표하고
지역적으로 선출하라

1

재외동포의
첫 선거

유권자의 자유로운 선거참여를 옥죄는 공직선거법의 독소 조항들은 2012년 2월 27일 법 개정에도 용케 살아남았다. 사전 선거운동에 재갈을 물리는 제254조 제2항과 표현의 자유를 심하게 위축시키는 제251조 등이 그것이다.

결국 헌재의 전향적인 판결에 따라 선거법이 개정되었지만, 달라진 것은 별로 없어 보인다. 포괄적 금지, 예외적 허용의 선거법 기본틀은 그대로 유지됐다. 공정선거라는 명분 아래 유권자의 정치참여를 과도하게 막고 있는 현행 선거법 아래에서는 앞으로도 제2의 김제동, 정봉주가 나올 수 있다는 얘기다. 거기에 더해 검찰이 불법 선거사범을 엄단하겠다고 벼르고 있으니 유권자는 그저 시키는 대로 조용히 투표만 하면 될 일인가.

하지만 복잡하고 다양하게 얽힌 선거법의 그물로 유권자의 정

일본 오사카 츠루하시역 코리안타운 붙어있는 '재일한국민주통일연합' 명의의 재외선거 포스터.

치 참여를 원천봉쇄하는 현행 공직선거법이 지구적 보편은 아니다. 선거를 오래 치러본 나라일수록 공정선거의 원칙과 유권자 참여가 행복하게 만난다. 미국과 독일 등 서구국가들의 선거법은 포괄적 허용, 예외적 금지를 기본 내용으로 하고 있다. 이는 공정한 선거라는 원칙도 중요하지만, 주권자가 자신의 정치적 의사를 표현한다는 선거의 함의도 중요하기 때문이다.

지금 한국의 공직선거법이 오래 존속하기 어려운 것은, 서구를 중심으로 하는 한국 민주주의 발전의 경로 의존성 때문이기도 하지만, 선거법의 역사가 제한에서 허용으로 확장돼왔기 때문이기도 하다. 재외국민선거의 허용과 도입은 그것의 전형적인 예다.

민주주의는 선거권 확대의 역사

1인1표제가 등장한 것은 그리 오래된 일이 아니다. 인류가 선거라는 제도를 시행한 이래, 누구에게나 똑같은 한 표가 주어진 것은 200년이 채 안됐다. 알려져 있듯 고대 그리스의 직접 민주주의 이후 선거는 돈과 권력이 있는 자들의 몫이었다. 약자들은 지배받을 뿐, 정치에 참여할 수 없었다. 하지만 산업혁명으로 새롭게 등장한 노동자계급은 노예처럼 지배만 받기를 거부했다. 그렇다고 노동자의 각성이 곧바로 변화를 몰고 오는 것은 아니었다. 돈 많은 기업가도, 가난한 노동자도 동등하게 한 표를 행사하게 된 과정은 그리 완만하지 않았다.

1838년부터 1848년까지 10년 동안 영국노동자들이 중심이 되어 선거권을 쟁취하기 위해 벌인 차티스트 운동도 당시에는 큰 호응을 얻지 못한 '실패한 운동'이었다. 세계적인 경제학자 앨버트 O. 허시먼이 쓴 『보수는 어떻게 지배하는가』를 보면, 왜 영국을 비롯한 유럽에서 거의 한두 세기 동안 참정권운동이 이데올로기적 헤게모니를 갖지 못했는지 엿볼 수 있다. 책은 참정권으로 정치적 평등을 추구했던 노동자들의 움직임에 대해, 유럽 각국의 특권적 지식인들이 보여준 적대적인 태도를 소개한다. 유럽의 지식인들은 선거권의 확대가 "오히려 정반대의 결과를 낳을 것"이라며 참정권운동에 대한 반대와 함께, 노동자계급에 대한 노골적인 혐오도 숨기지 않았다. 당시의 지식인들은 이렇게 말했다. "머리를 손질하거나 양초를 만드는 사람들이 국가를 지배하도록 한다면 반드시 전제국가가 될 것이다."

그러나 선거권이 귀족과 부르주아에게만 있어야 한다는 '몰상식'이 오래갈 수는 없었다. 영국인이 쟁취한 시민혁명이라는 이름의 자유의 확대는, 참정권운동과 결합하면서 세습적인 계급과 지위를 평준화하는 데 기여했다. 일정한 나이가 되는 '남성'(여성에게 참정권이 주어진 것은 훨씬 나중의 일이다)에게 선거권이 주어지는 평등·보통선거는 그렇게 제도화되었다. 물론 거기에는 노동자들을 배제하기보다 정치의 영역으로 편입시켜 체제 내에서 관리하고자 하는 지배계급의 현실적인 고려도 작용했지만, 참정권운동이 없었다면, 이러한 현실적인 고려가 저절로 이루어질리 만무했다.

이처럼 정치적 차별을 넘어 시민의 주권을 실현하기 위해서, 인류는 선거권을 평준화하고 공직선거법을 개선하는 노력을 거듭해왔다. 민주주의 역사는 선거권이 귀족계층에서 유산계급으로, 그리고 다시 무산계급으로 확대돼온 역사였다. 그 선거권은 다시 남성에서 여성으로, 또한 백인에서 유색인종으로 새로운 유권자를 포함하며, 오늘날의 보통선거에 이르렀다.

여기서 특히 놀라운 점은, 여성이 남성과 평등한 권리를 가져야 한다는 생각 또한 그리 오래되지 않았다는 사실이다. 미국에서 여성이 남성과 동등한 참정권을 갖게 된 것은 제1차 세계대전이 끝난 뒤인 1920년에 들어서였다. 영국의 여성은 1928년에 와서야 남성과 동등한 참정권을 얻었다. 혁명과 공화주의 나라 프랑스는 어떠한가? 남성과 동등한 참정권을 주장한 프랑스 혁명기의 연극인 올랭프 드 구주Olympe de Gouges는 그 자신이 단두대의 이슬로 사라지기 전에 "여성이 단두대에 오를 권리가 있다면, 의정 단상에도 오를 권리가 있다"는 유명한 말을 남겼다. 그러나 프랑스 여성들이 남성과 동일한 선거권을 얻게 된 것은 독일 점령군으로부터 해방된 1944년에 와서였다. 스위스의 여성들은 남성과 동일한 선거권을 얻기 위해 1971년까지 기다려야했다. 한국 여성이 1948년에 남성과 동일한 참정권을 얻게 된 것은 외국인 자매들의 기나긴 투쟁의 열매를 거저 얻은 것이라고 할 수 있다.[1]

결과적으로 이러한 선거권의 보편적이고 평등한 확장은 지금의 선거원칙과 선거권을 하나의 완결로 보이게 한다. 그러나 운송수단 및 정보통신기술의 발달 등 현대의 새로운 정치 환경은 선거원칙의 새로운 검토를 요구하고 있다. 정치적 권리를 평등하게 배분하기 위한 노력을 멈출 수는 없다. 완벽한 법과 제도는 없으며, 우리는 다만 그것을 향해갈 뿐이기 때문이다.

이런 점에서 재외국민의 선거권 제한에 대해, 2007년 헌재가 내린 헌법불합치 결정은 한국 밖의 주권자들에게도 참정권[2]을 부여한 정치적 평등의 진전이었다. 이로써 선거참여의 기회가 넓어지는 계기가 마련된 것이다. 재외국민선거는 선거원칙의 외연外延이

국외로 확대됐다는 것을 의미한다.3 이후 공직선거법 개정을 통해
본격 도입된 재외국민선거 제도는, 대한민국의 영토 밖으로 국민
주권을 확장했다.

헌재, 재외동포의 손을 들어주다

해방 이후 줄곧 선거권은 주민등록을 한 한국인에게만 주어졌다.
한국 국적을 가지고 있지만 주민등록을 할 수 없는 코리안 디아스
포라diaspora4들에게는 선거권이 없었다. 300만 명에 이르는 재외
동포5는 그동안 국민으로서 누려야 할 참정권을 행사하지 못했다.
이는 공직선거법 및 국민투표법이 주민등록이 되어 있는 선거권
자만 선거인명부에 올리고, 선거인명부에 없는 자는 투표할 수 없
도록 하고 있기 때문이다. 결국 주민住民에게만 선거권이 주어졌던
것이다.

본디 참정권은 인민주권의 원칙을 실현하기 위한 가장 기본적
이고 필수적인 권리로서 다른 기본권에 대하여 우월한 지위를 가
진다.6

헌법 제41조 제1항의 보통선거권은 국민 누구에게나 한 표의
권리가 있다고 규정하고 있다. 시민이 주권을 행사할 수 있는 가장
의미 있는 수단이 선거라면, 모든 시민에게 균등하게 선거 참여의

기회를 보장하는 것은, 국가권력의 민주적 정당성을 담보하는 당연한 전제이기 때문이다. 또한 국회는 그 나라의 역사적·문화적 조건에 따라 공정하고 합리적인 선거 절차를 만들어야 할 의무가 있다. 실질적인 국민주권의 원칙은 선거제도를 통해 구현되는 까닭이다.

그러나 헌법이 보장한 권리와 국민주권을 실현하는 국회의 기능은 재외동포 앞에서 멈춰버렸다. 지난 근현대사가 이산과 이주의 역사였다는 점에서, 코리안 디아스포라에게 선거권이 없다는 것은 슬픈 일이었다. 그들은 유권자가 되지 못한 한국인들이었다. 그들은 이등국민, 투명국민이었다. 그들이 하와이로, 사할린으로, 오사카로 등 떠밀릴 때, 무력했던 국가는 해방 이후 그들의 선거권에는 관심조차 없던 무심한 국가로 이어졌다.

헌법재판소가 재외국민의 선거권을 제한하는 공직선거법 관련 규정이 위헌이라는 헌법불합치 결정을 내린 2007년 6월 28일 오후 서울 광화문의 한 음식점에서 일본 영주권자인 이수남(맨 오른쪽부터) 씨와 이건우 씨 등 '재일국민의 조국 참정권 회복을 위한 시민연대' 회원들이 서로 손을 맞잡고 기쁨을 나누고 있다.

그러나 2007년 6월 28일, 변화가 시작되었다. 헌재는 재외국민[7]의 선거권 행사를 제한하고 있는 현행 공직선거법과 국민투표법의 관련 규정에 대하여 헌법불합치 결정을 내렸다. 헌법불합치란 해당 법률 조항의 위헌성을 인정하면서도 위헌 결정에 따른 법적 공백을 막기 위해 법 개정 때까지 일정기간 해당 조항의 효력을 유지하거나 한시적으로 중지시키는 결정을 말한다.[8]

헌재 전원재판부(주심 김종대 재판관)는 "주민등록을 할 수 없는 재외국민 또는 국외거주자가 투표권을 행사할 수 없도록 한 것은 기본권을 침해한다"고 밝혔다. 재판부는 "선거권 제한은 그 제한을 불가피하게 요청하는 개별적·구체적 사유가 존재함이 명백할 경우에만 정당화될 수 있으며, 기술상의 어려움이나 장애 등의 사유로는 정당화될 수 없다"고 덧붙였다.

재판부는 대통령·국회의원 선거권의 경우 "단지 주민등록이 돼 있는지 여부에 따라 선거인명부에 오를 자격을 결정해 선거권 행사 여부가 결정되도록 함으로써 주민등록을 할 수 없는 재외국민의 선거권 행사를 전면 부정하는 선거법 제37조 제1항 등의 조항은 정당한 목적을 찾기 어렵다"고 밝혔다.

지방선거 참여권(선거권 및 피선거권)에 대해서는 "국내거주 재외국민에 대해 주민등록만을 기준으로 체류기간을 불문하고 전면적·획일적으로 지방선거권을 박탈하는 선거법 제15조 제2항 등의 조항은 헌법상 평등원칙에 어긋날 뿐 아니라 기본권 제한의 한계를 넘은 것이다"라고 지적했다.

국민투표권의 경우 재판부는 "주권자인 국민의 지위에 아무런 영향을 미칠 수 없는 주민등록 여부만을 기준으로 해 재외국민의 국민투표권 행사를 전면 배제하는 국민투표법 제14조 제1항우 국민투표권을 침해한다"고 판시했다. 결과적으로 주민등록을 한 주민에게만 선거·투표권을 주는 것은 헌법에 맞지 않는다는 것이다.

일본과 프랑스에 살고 있는 재외국민이 제기한 헌법소원에 대해, 1999년 '재외국민의 선거권 제한'이 합헌이라고 결정한 헌재가 8년 만에 결정을 변경한 것이다. 당시 헌재는 결정문에서 "북한 주민이나 조총련계 재일동포의 투표 가능성, 선거의 공정성 확보 어려움, 선거 기술상의 이유, 납세·병역 등 의무 불이행의 이유"를 들어 재외국민의 선거권 행사를 제한하는 것이 헌법에 위배되지 않는다고 판시한 바 있다. 이에 재외동포들이 헌법소원을 다시 제기했고, 헌재는 종전의 결정을 뒤집으며 헌법불합치 결정을 내렸다.

헌재 결정 변화의 이유는 무엇일까. 헌재는 결정문에서 다음과 같이 밝혔다.

재외국민은 한국여권을 소지하고 있으므로 북한 주민이나 조총련계 재일동포와의 구분이 가능하며 공정성에 대한 우려가 있다는 이유만으로 민주국가의 기능적 전제인 선거권 행사를 특정 국민에게 거부할 수 없다. 기술적 문제에 대해서는 통신기술의 발달 등으로 극복이 가능하며, 병역의무에 관해서는 재외국민에게도 병역을 이행할 길이 열려 있는 것은 물론 재외국민 중에는 병역의무와 무관한 여성이나 병역필자도 존재하는 점을 감안해야 한다. 막연하고 추상적인 위험이나 국가의 능력에 의해 극복할 수 있는 기술적 어려움이나 장해 등을 이유로 선거권을 제한해서는 안 된다. 보통선거의 원칙상 재외국민의 결정권 행사 가능성은 필연적 귀결이다. 선거의 공정성 확보는 국가의 과제이므로 이를 선거권자의 책임으로 돌릴 수 없다.(2004헌마643)

사실 재외국민 참정권 가운데 선거권은 박정희 정권 시절인 1966년과 1972년에 해외부재자 투표라는 형태로 실시된 적이 있다. 그러나 이는 베트남전쟁 참전자들을 대상으로 한 것으로 해외에 뿌리를 내리고 살고 있는 재외동포는 그 대상이 되지 않았다. 또한 이나마도 유신헌법이 제정되자 폐지되었다.[9] 체육관에서 대통령을 뽑는 마당에 해외부재자 투표는 애초에 낄 자리가 없었다. 박정희가 내세운 민족주의에 재외동포들은 포함되지 않았다. 유신 이후 해외부재자 투표는 몇 번의 부활 기회가 있었으나, 번번이 무산됐다. 1980년 제5공화국 헌법에 재외국민보호 조항이 신설되자 이에 따른 해외부재자 투표 부활에 대한 검토가 있었지만 실현되지 못했고, 1997년 대통령 선거 당시 신한국당의 검토, 1998년 김

대중 정부와 새천년국민회의에 의한 '재외동포법적지위특례법 제
정안' 등의 시도가 있었으나 모두 시늉에 그쳤다.[10]

2 재외국민선거를 둘러싼 논쟁

헌재 판결을 바탕으로 2009년 2월 5일, 국회는 한국 국적을 가지고 있는 재외국민에게 본국의 참정권을 부여하는 공직선거법 등의 개정 법안을 가결했다.[11] 당장 2012년 총선부터 재외동포들이 최초로 한국의 선거에 참여할 수 있게 됐다. 지구적으로 투표하고, 지역적으로 선출하는 재외국민선거를 치르게 된 것이다.

공직선거법 개정안에 따라 투표권이 부여된 재외국민은 크게 '영주권자'와 여행·학업·업무 등의 목적으로 국외에 머물고 있는 '체류자'로 나뉜다. 선관위는 예상 선거인을 '영주권자'와 '체류자'로 분류하지만, 실제 등록에서는 영주권이 아닌, 국내 주민등록 유무로 나뉜다. 즉 국내 주민등록이 말소됐으면 등록을 위해 공관을 직접 방문해야 하며, 총선에서는 정당투표만 할 수 있는 '재외선거인'으로 분류된다. 영주권자라 하더라도 국내에 주민등록이 말소

선거권자		참여할 수 있는 선거
재외선거인		• 대통령 선거 • 임기만료에 따른 비례대표 국회의원 선거
국외부재자 신고인	국내거소신고자	• 대통령 선거 • 임기만료에 따른 비례대표 국회의원 선거
	국내 주민등록자	• 대통령 선거 • 임기만료에 따른 국회의원 선거 (비례대표+지역구)

되지 않고 그대로 있으면 우편·현장 등록이 가능하고 정당 투표와 함께 지역구 후보에게도 투표할 수 있는 '국외 부재자'로 분류된다.

위의 표에서 보여주듯이 한국 국적을 가지고 있으나 국내 주민등록은 말소된 '재외선거인'들이 참여할 수 있는 선거는 임기만료에 따른 비례대표 국회의원 선거와 대통령 선거다. 현행 공직선거법은 이들 재외선거인에게 지역구 국회의원 선거권과 궐위로 인한 국회의원 재보궐 선거권을 인정하지 않고 있다.[12] 상식적으로 볼 때, 국내에 거주하지 않는 재외선거인에게 지역구 선거권과 재보궐 선거권을 주지 않는 것은 일견 타당해 보인다. 거주지가 없는 재외선거인에게 어떻게 선거구를 부여할 것인지 선뜻 답이 떠오르지 않는 것도 사실이다.

그러나 재외선거인에게 지역구 국회의원 선거권과 재보궐 선거권을 인정하지 않는 것에 문제는 없을까. 이와 관련하여 법학계를

중심으로 헌법상 평등·보통선거의 원칙 등에 위반된다는 지적이
나오고 있다.[13]

또한 대통령 선거에서 허용한 보궐선거권이 국회의원 선거에서
만 불가능해 대통령 선거권에 비해 재외선거인의 국회의원 선거
권이 축소되어 있다는 비판도 제기됐다.

일부 학자들은 재외선거인에게 차등한 선거권을 부여하는 것
은, 모든 유권자에게 같은 선거권을 주는 평등선거에 어긋나고, 또
한 일정한 연령에 달한 모든 국민에게 선거권을 인정하는 보통선
거에도 맞지 않는다고 주장한다. 이는 결과적으로 의도하지 않게
재외선거인의 선거권을 무시하는 결과를 낳고 있다고 우려한다.

이들은 국내에 거주하지 않는 재외선거인의 선거구를 정하는
것은, 재외선거인의 최종거주지 또는 본적지를 기준으로 하거나,
그들의 신청에 따라서 지역구를 정하면 크게 문제가 되지 않는다
는 주장도 덧붙인다. 재외선거인이 정한 선거구를 특별한 사유 없
이는 일정기간 동안 변경하지 못하도록 하는 등 제도적 보완장치
를 마련하면 선거의 왜곡을 막을 수 있다는 것이다.

재외선거인들에게 지역구 국회의원 지역구 선거권과 재보궐 선
거권을 제한해야 한다는 또 다른 이유는 지역구 국회의원 선거의
경우, 불과 몇 표 차이로 당락이 갈리면서 이에 대한 선거소송이 잦
은 편인데, 재외선거까지 치를 경우 이 문제가 더욱 심화되는 것은
아니냐는 것이었다.

이에 대해서는, 지역구 국회의원 선거에서 소송이 잦은 것은 선거라는 제도의 도입에 따라 일반적으로 발생하는 문제지, 재외선거인의 선거권을 보장함으로써 새롭게 발생하는 문제는 아니라는 주장이 제기된다. 즉, 이러한 문제는 재외선거인의 선거권을 제한해서 해결할 문제가 아니라, 공정한 선거관리를 통해 해결해야 할 문제라는 것이다.

결과적으로 재외선거인이 국민의 한 사람으로서 헌법상 보장된 기본권인 선거권을 가진다면, 위헌의 소지를 미리 제거하기 위해서도 지역구 국회의원 선거에서 선거권을 부여해야 한다는 것이다.

그래도 의문은 남는다. 지역구 국회의원 선거와 국회의원 재보궐선거까지 일일이 재외선거를 치른다면 그 선거비용을 어떻게 감당할 것인가 하는 현실적인 우려가 그것이다.

이들은 헌재의 판결을 하나의 답으로 제시한다. 2007년 6월 28일 헌재는 재외동포의 손을 들어주면서 선거비용의 증가가 우리나라 경제력으로 감당할 수 없는 정도는 아니며, 선거비용의 부담에 대한 우려만으로 민주국가에서 가장 근본적인 국민의 선거권 행사를 제한하는 것은 타당성을 인정하기 어렵다고 판시한 바 있다.

그럼에도 불구하고 현실적으로 지역주민과 달리 그 지역에 관심이 없는 재외선거인들에게 한국 내의 지역구 국회의원을 선출하도록 하는 것은 문제가 있다는 비판이 나올 수 있다.[14] 2007년 헌재 결정 당시 이공현 재판관도 국민이면 어디에 거주하던지간에 평등한 선거권을 누려야한다는 생각에 이의를 제기하기도 했다. 그는 "이미 상당기간 대한민국과는 문화적·사회적·경제적으로 상이한 환경의 외국에서 살면서 그곳에 영주할 의사와 권리를 가지고 있는 자의 경우에는, 그렇지 않은 재외국민이나 국외거주자들과는 대한민국의 선거나 정치 참여에 대하여 갖는 태도가 다를 수 있다. 영주의사 또는 해외거주 기간 등을 고려하여 일정한 제한을 가하는 것 자체가 헌법적으로 불허되는 것은 아니다"라고 지적했다.

모든 재외선거인들과 내국인은 동등한 선거권을 가져야 하는 걸까. 결정은 쉽지 않다. 다른 나라의 재외국민선거 제도가 한 기준이 될 수 있을 것이다.

OECD 회원국의 재외국민선거 제도는?

재외국민선거 제도는 OECD 30개 회원국 가운데 28개국이 시행하고 있다. 그렇다면 다른 나라의 재외국민선거 제도는 한국과 어떻게 같고, 어떻게 다를까.

주요국가의 재외국민선거 제도

국가 \ 항목	미국	영국	독일	프랑스			일본
				대통령	상 원	AFE	
유권자	제한 없음	출국부터 15년 미만	3개월 이상 거주	제한 없음	제한 없음	제한 없음	3개월 이상 서수
대상선거	연방상·하원선거의 본선거 및 예비선거	하원선거	하원선거	대통령 선거	하원선거	상원선거 (AFD선거)	1.중의원 의원 및 참의원 의원 비례구 2.중의원의원 및 참의원의원 지역구
등록신청 방법	1.소정의 서식엽서(FPCA)를 우송 2.기한까지 시간이 없는 경우 팩스나 이메일로 신청 가능 3.등록은 4년간 유효	1.등록용지 및 증명서류를 우송 2.등록의 유효기간은 1년으로서 매년 등록 필요	신청용지 및 선서서를 우송	재외공관에 출석하여 신청	본국의 선거인 명부를 사용하므로 특별한 신청은 불필요	재외공관에 출석하여 신청	1.재외공관에 방문하여 신청 2.사전에 최종 거주지에서 전출신고를 제출한 필요가 있음 3.주민표 사본들의 청구가 필요한 경우가 있음
투표방법	1.우편투표 2.기한까지 시간이 없는 경우 팩스투표도 가능 3. 투표용지를 스스로 청구해야 하는 경우도 있음	1.우편투표 또는 대리투표 2.우편투표의 경우 등록자에 대하여 자동적으로 투표용지가 송부됨	1.우편투표 2.등록자에 대하여 자동적으로 투표용지가 송부됨	1.재외공관투표 2.재외공관 혹은 국내에서의 대리투표	국내에서의 대리투표	1.재외공관 투표(재외공관에 갈 수 없는 자는 우편투표도 가능) 2.일부에서는 인터넷투표도 가능	1.우편투표 또는 재외공관 투표 2.우편투표의 경우는 투표용지를 스스로 청구해야 함
투표 선거구	최종 거주지	최종 선거인 등록지	최종 거주지	전국1구	최종 거주지 또는 출생지 중에서 선택	해외선거구	최종 거주지 또는 본적지
정보제공 방법	1.각주의 선거관리위원회, 투표지원관 및 국방총성 투표정보센터 등에서 정보를 제공 2.미디어나 정당들도 정보 제공 3.후보자 정보의 취득은 시민의 책임	1.후보자는 재외선거인을 포함한 모든 유권자에게 무료로 팜플랫 등을 우송할 수 있음 2.공적인 정보는 제공되지 않음	1.재외공관 홈페이지에 링크되어 있음 2.인터넷을 이용한 선거운동이 중심으로 되어 있음	1.후보자 등에 의한 전단지, 투표용지의 봉투에 의한 송부 2.재외공관 내의 게시를 제외한 선거선전은 금지	1.국내 선거인 투표가 위임되므로 재외선거인에 대한 정보제공은 특별히 없음	1.후보자 등에 의한 전단지, 투표 용지 봉투에 이한 송부 2.재외공관 내의 게시를 제외한 선거 선전은 금지	1.총무성 및 외무성이 인터넷으로 후보자명부 등의 정보를 제공 2.인터넷에 의한 선거운동은 금지

주요 국가의 재외국민선거 제도를 살펴보면, 대부분 우리나라와 달리 해외 일시체류자와 외국영주권자를 차별하지 않고 선거권을 인정하고 있다. 다만, 상·하원의원 선거 등에 있어서 재외국민선거권을 부여할 때, 본국과의 연계성을 고려하여 해외체류 기간 등을 규정하고 있는 나라들도 있었다. 예컨대, 일본의 경우는 3개월 이상 계속하여 영사관 관할구역 내에 거주하는 자로 하고 있으며, 영국의 경우는 출국으로부터 15년 미만으로 제한을 두고 있다. 한국처럼 주민등록이 말소된 영주권자에게는 대통령 선거와 정당에만 투표할 수 있는 국회의원 선거권으로 제한하는 경우는 없었다.

또한 투표 방법과 관련해서도 프랑스와 일본을 제외하고 직접 공관에 와서 선거인 등록을 하는 경우는 드물었다. 대부분 우편투표를 원칙으로 하고 있으며, 이와 함께 일본의 경우는 재외공관투표, 영국의 경우는 대리투표 등을 병용하고 있었다. 특히 미국의 경우는 팩스투표도 가능하고, 프랑스 상원의원선거(AFE 선거)의 경우 부분적으로 인터넷 투표도 가능하다. 직접 공관에 와서 투표해야 하는 한국 재외국민선거 제도가 눈여겨볼 대목이다.

한편, 선거구와 관련해서는 미국과 독일의 경우 최종 거주지로 하고 있으며, 영국의 경우는 최종 선거인 등록지, 일본의 경우는 최종 거주지 또는 본적지를 각각 투표선거구로 하고 있다. 특히 프랑스 하원의원 선거(AFE 선거 제외)는 최종 거주지 또는 출생 중에서 선택하도록 하고 있고, 전술한 바와 같이 AFE선거의 경우는 해외선거구를 투표선거구로 하고 있다. 결과적으로 다른 나라의 재외국민선거 제도와 비교할 때, 한국의 제도는 선거참여보다 선거관리에 초점이 맞춰져 있는 것으로 보인다.

한편, 헌재의 결정으로 그동안 사실상 이 문제에 손 놓고 있던 정부의 책임이 면제되는 것은 아니다. 2005년 영주외국인에게 지방참정권을 인정한 정부가 2007년 헌재의 결정까지 재외국민의 선거권 문제를 방치해왔다는 점에서, 비판을 피하기 어렵다. 물론 국내 영주외국인의 참정권을 인정한 것은 그 자체로 전향적인 조처인데다, 재일동포의 일본 지방참정권 획득을 측면 지원한다는 의도 또한 있었다는 점에서, 정부가 할 말이 아주 없지는 않을 것이다. 하지만 이같은 선의와는 별개로 이 조처로 인해 재일동포가 일본뿐만 아니라 한국에서도 선거권이 없다는 점이 부각되는 부작용도 있었던 것이 사실이다.

그동안 재외국민을 별도로 취급했던 기존 정부의 행위는 거주지 선택의 자유 측면에서 위배될 뿐만 아니라, 이미 몇 세대에 걸쳐 일본에서 거주하고 있는 재일동포의 역사적 연원을 완전히 무시하는 행위라는 점에서도 비판받아 마땅하다.

그럼에도 불구하고 재외국민선거 도입은 분명 획기적인 진전이다. 한국은 경제협력개발기구(OECD) 회원국 중 가장 마지막으로 재외국민선거 제도 도입한 나라가 됐다. 선관위 관계자는 "이미 OECD 30개 회원국 가운데 28개국이 재외국민선거 제도를 두고 있다"면서 "세계적으로도 115개국이 채택하고 있는 제도"라고 밝혔다. 또 "정치 선진국 진입 여부의 가늠자인 재외국민선거를 치름으로써 한국 민주주의가 한 분기점에 이르렀다는 해석이 가능하다"며 "역사적으로 매우 중요한 의미"라고 덧붙였다. 재외국민이 실질적으로 투표권을 행사할 수 있게 됨으로써 그만큼 재외국민의 의사가 국정에 반영되고, 재외국민을 위한 국가 정책이 개발돼 재외국민의 권익 신장에도 많은 도움이 될 것으로 보인다. 투표권을 행사할 수 있게 된 재외동포들도 자긍심을 가질 만하다.

막차 탄 재외국민선거, 이상 무?

홍보의 부족 때문일까, 현실성 없는 규정 때문일까. 첫 재외선거인 등록신청이 예상보다 더 저조했다. 선관위는 2012년 4월 11일 실시하는 국회의원 선거와 관련해 2011년 11월 13일부터 이듬해 2월 11일까지 91일간 158개 공관 및 시·군·구청에서 재외선거인 등록신청과 국외부재자 신고를 접수한 결과, 예상 재외선거권자 223만여 명의 5.57퍼센트 수준인 총 12만4천350명으로 잠정 집계됐다고 밝혔다. 그 중 국내에 주민등록이 있거나 국내거소 신고를 한 국외부재자는 10만4천314명(공관 접수 10만3천322명, 국내접수 992명)이며, 영주권자인 재외선거인은 2만36명이다.

선관위 자료를 보면, 영주권자 등록률은 낮고, 부재자 등록률은 상대적으로 높아 애초 여당에 유리할 것이라던 재외국민 투표에 대한 통념이 깨지고 있다. 등록률로 따져도 국외부재자는 7.8퍼센트 가량인 데 반해 국내에 주민등록이 없는 영주권자 등 재외선거인의 등록률은 2.18퍼센트로 훨씬 낮다. 보수 성향이 강한 것으로 알려진 영주권자들의 등록률 저조는 재외국민 투표가 새누리당에 유리할 것이라는 그간의 예상이 틀릴 수 있다는 전망으로 이어진다.

영주권자들의 등록률이 단기체류자들에 비해 낮은 큰 이유는 이민생활로 한국 정치에 대한 관심이 상내적으로 낮은 섬이 꼽힌다. 또한 유학생·주재원 등은 우편·현장 등록도 가능한 반면, 영주권자들은 반드시 직접 공관을 방문해 등록을 해야 하는 규정 등이 영주권자들의 등록률을 떨어뜨린 요인으로 작용했다.[15]

선관위는 한 번 재외선거인으로 등록하면 모든 선거에 계속 사용할 수 있는 영구명부제를 도입하고, 재외국민들의 신고·신청 편의를 위하여 순회 또는 우편접수제도를 도입하며, 투표참여가 어려운 해외 파병군인과 공관 미설치 국가에 거주하는 재외국민을 대상으로 우편투표를 허용하는 등의 제도 개선이 필요하다고 보고 있다.

한편, 검찰은 이번 총선부터 도입되는 재외국민선거와 관련해 서울중앙지검에 '재외선거사범 수사전담반'을 편성·운영하고 재외선거사범에 대해 형사사법공조, 범죄인 인도 등의 수사 방법을 활용해 적극 수사할 방침이라고 밝혔지만, 불법 선거운동에 대한 단속은 인력의 한계 등으로 거의 어려워 앞으로 대통령 선거 등에서 경쟁이 격화될 경우 문제가 될 수 있다는 우려도 나오고 있다.

2012년 3월 28일부터 4월 2일까지 6일 동안 치러지는 19대 총선 재외국민 투표를 앞두고 일본 도쿄에는 모두 5명으로 구성된 선관위가 2011년 10월 14일 꾸려졌다. 선관위는 2012년 2월 5일 현재까지 고발이나 제보가 들어온 불법 사례는 없다고 밝혔다. 교민 단체들이 선거 후유증을 막기 위해 명확히 정치적 중립을 표명하고 있고, 총선이라 선거 열기도 그리 뜨겁지 않기 때문으로 풀이된다.

문제는 실제 불법 선거가 있다고 해도 단속이 거의 어렵다는 데 있다. 동포단체의 한 관계자는 「한겨레신문」과의 인터뷰에서 "대선 때는 지금과 분위기와 다를 수 있다"며 "지금의 관리체계라면 불법이 벌어져도 단속이 거의 어려울 것"이라고 말했다. 도쿄의 경우 선관위가 지명한 2명과 여야 정당이 지명한 2명, 공관장이 추천한 1명 등 모두 5명으로 선관위가 꾸려져 있지만, 실제 불법 선거 단속이 가능한 인력은 선관위에서 파견한 1명뿐이다. 김기봉 선관위원장은 "불법 행위가 있다면 교통편의 제공이나 식사 대접일 것"이라며 "현재 선관위가 할 수 있는 일은, 편의 제공을 받으면 50배로 과태료를 물게 되고, 한국에 못 가게 된다는 점을 강연 등을 통해 홍보하는 것 정도"라고 말했다.

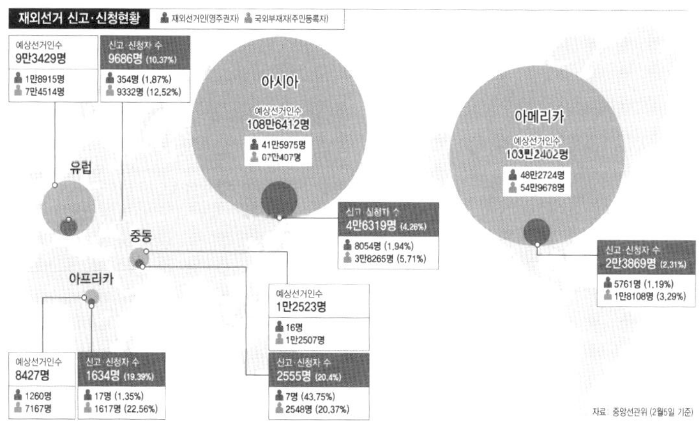

재외국민선거 신고·신청 현황.(「한겨레신문」 2012년 2월 6일자)

　　미국의 경우, 영사관이 관할하는 지역이 워낙 넓어 불법 단속은 엄두를 내기 어렵다. 13개 주州를 관할하는 시카고 영사관은 관할 지역 면적이 남한의 20배나 된다. 선관위는 금품 제공 등은 빈발하지 않겠지만, 인터넷을 통한 후보 비방 또는 흑색선전이 벌어질 가능성을 우려한다. 해외동포들의 경우 조사에 불응하면 국내 입국이 불허되고, 국내에선 6개월인 공직선거법 공소시효도 외국에선 5년으로 더 길다. 그러나 외국에서 한국법을 임의로 집행할 수는 없다.

　　정치 활동에 엄격한 중국의 경우 불법선거에 대한 조사 자체가 거의 불가능할 것으로 보인다. 중국 지역 공관의 한 관계자는 지난 2011년 2월 「한겨레신문」과의 인터뷰에서 "공관 바깥은 우리 법이 미치지 않는 지역이고, 소수의 인원이 그 넓은 지역의 불법선거 운동을 적발하는 것은 사실상 어려워 걱정"이라고 말했다.

선관위 직원은 55개 재외공관에 한 명씩 모두 55명이 파견돼 있으며, 미국과 일본에 각 10명씩, 중국에 6명이 머무르며 선거활동을 관리 감시하게 된다.

한편, 재외국민선거의 공정성 확보를 위한 공직선거법 개정안이 지난 2월27일 국회를 통과했지만 선거에 대한 관리감독 규정이 아닌, 선거사범에 대한 사후 규제 강화에 무게가 실려 반쪽 개정안이라는 비판이 나오고 있다. 개정안은 국외에서 장기 3년 이상의 형에 해당하는 선거범죄를 행한 사람이 선관위의 조사에 불응하거나 소재가 불명하여 조사를 종결할 수 없을 때, 선관위 또는 검사의 요청으로 여권의 발급·재발급을 제한하거나 여권의 반납을 명하도록 했다. 또한 영사는 법원 또는 검사의 의뢰를 받아 대한민국 재외공관 등에서 선거범죄의 피의자의 출석을 요구하여 진술을 들을 수 있고, 검사 또는 사법경찰관은 재외공관에 출석한 선거범죄의 피의자를 인터넷 화상장치를 이용하여 진술을 들을 수 있도록 했다. 개정안에는 공직선거법을 위반한 외국인에 대한 규제 조항도 신설됐다. 법무부 장관은 국외에서 이 법에서 금지하는 행위를 했다고 인정할 만한 상당한 이유가 있는 외국인에 대하여 입국을 금지할 수 있고, 입국금지 기간은 해당 선거 당선인의 임기만료일까지다.

미·중·일의 표밭을 잡아라

이제 온 세계가 다 '표밭'이다. 재외국민들이 사상 처음으로 선거에 참여하는 2012년 4월 총선을 맞아 여·야 정치권의 국외 표심잡기 경쟁도 점점 달아오르고 있다. 움직임은 두 갈래다. 국내에선 당이 중심이 돼 재외국민들의 마음을 사로잡을 수 있는 공약 개발과 홍보 전략 짜기에 나섰다. 실제 표가 움직이는 현지에선 한인 정치 조직을 결성해 저변 확대를 도모하고 있다.

재외국민 표밭갈이의 주무대는 재외 유권자들이 밀집된 미국과 중국, 일본 세 나라다. 미국에선 지난해 5월께부터 '한나라 어브로드'라는 한나라당(현 새누리당) 후원 모임과 '민주평화통일 한인연합'이라는 민주통합당 후원 조직이 로스앤젤레스, 뉴욕, 시카고, 애틀랜타, 워싱턴 등 주요 대도시를 중심으로 앞다퉈 출범했다. 이들은 현재 지역 한인회와 연계해 투표 독려운동에 주력하고 있다.

일본에선 민주당 쪽이 좀 더 발 빠르게 움직이고 있다. 도쿄에서는 박정희 정부 시절 이후 처음으로 지난 1월 27일 민주당 지지 성향의 동포 단체인 민주포럼이 출범했다. 아직 새누리당 지지자 모임은 출범하지 않는 상황이다. 대표적인 재일동포 단체인 민단은 여권 성향으로 분류돼 왔지만, 지난해 1월 정치적 중립을 강력히 표방한 바 있다.[16]

중국에선 아직 각 정당 지지 조직의 뚜렷한 움직임은 감지되지 않고 있다. 다만 향우회 등은 이미 움직이고 있는 것으로 보인다. 베이징의 한인단체 관계자는 「한겨레신문」 인터뷰에서 "최근에는 특정 지역 색채를 띤 새로운 단체들의 창립 행사도 열리고 있다"고 말했다.

여야는 현지 지지조직과 연계해 지지층의 투표 신청을 독려하는 한편, 재외국민의 권익 보호와 정치적 활동 확대를 위한 정책 개발에 힘을 쏟고 있다. 정치권은 지역별로 표가 분산되는 이번 총선보다 올 12월 대선에서 재외국민 투표가 한층 큰 영향력을 발휘할 것으로 전망하고 있다.

새누리당은 특히 단기 재외체류자들보다 보수적 성향이 강한 영주권자들의 투표율을 높이는 방안을 중점적으로 모색하고 있다. 서병수 새누리당 재외국민위원장은 「한겨레신문」 인터뷰에서 "영주권자들도 단기 재외체류자처럼 우편으로 투표 신청을 할 수 있도록 제도를 바꿔야 한다"고 말했다. 새누리당은 또 외국 영주권을 갖고 있다 하더라도 국내 주민등록을 유지하게끔 허용하는 방안도 준비하고 있다.

민주당은 당헌상의 재외한인 지원조직인 세계한인민주회의를 중심으로 전략을 가다듬고 있다. 영주권자가 많고 한인만의 별도 교육에 대한 요구가 크지 않은 미국·일본은 '한글학교'를, 단기 체류자가 대부분이고 자녀 교육이 가장 큰 관심사인 중국과 동남아,

남미 등은 '한국학교'를 각각 지원하는 등 지역별 맞춤형 정책으로 표심을 사로잡겠다는 방침이다. 민주당 관계자는 "국내에 세금을 내면서도 교육과 의료 등에서 혜택을 받지 못하는 재외국민들을 지원하는 방안을 내놓을 예정"이라고 말했다.[17]

참정권 '획득' 아닌 '회복'

한국 근현대사를 돌아볼 때, 재외국민선거의 실시는 재외동포들에게 각별한 의미가 있다. 특히 자이니치[18]는 거주국 일본에서도 선거권이 없는 무권리 상태에서 처음으로 투표행위를 한다는 남

해외동포들의 참정권 문제가 국내에서 처음 이슈화된 1996년 「한겨레21」(2월15일자, 96호)

다른 의미가 있다. 재일동포에게 참정권이란 1948년 대한민국 수립 이후 정부가 최초로 긍정적으로 국민으로서 권리를 인정하는 우호적 시책이라고 해도 과언이 아니다.

그러나 이 우호적 시책은 결코 거저 주어지지 않았다. 거기엔 참정권운동으로 비롯된 지난한 헌법소원의 과정이 있었다. 해외동포들의 참정권 문제가 국내에서 처음 이슈화된 것은 1996년 「한겨레21」(2월15일치 96호)이 '재일동포에게 조국 참정권을!'이란 표지 이야기를 실으면서부터다. 기사는 엄연한 대한민국 국민이면서도 단 한 번도 투표할 기회를 가져보지 못한 재일동포[19]의 상황을 짚고, 이것이 결국 불완전한 전후 처리의 역사적 상징임을 일깨웠다. 참정권은 주어졌지만, 정확히 16년 전 기사의 퀴즈에 지금은 얼마나 답을 할 수 있을까. 기사를 보자.

퀴즈 문제를 하나 내보자.

첫 번째 문제―재일동포의 국적은 한국인가, 일본인가?

두 번째 문제―재일동포는 한국 여권을 가지고 다니는가, 일본 여권을 가지고 다니는가? 그도 저도 아니면 한국과 일본의 협정에 의한 제3의 여권을 가지고 다니는가? (중략)

일본에서 과거사에 대한 망언을 할 때마다 우리는 간헐적으로 울컥해 일본의 몰역사성을 욕했지만, 일본의 몰역사성을 몸으로 증거하고 있는 재일동포의 삶과 존재에 대해서는 거의 눈길을 보내지 못 했다. 이것이 지금 세계화 시대를 외치는 우리 사회의 수준이다.

역사 속의 부랑아로 버려진 존재, 남북 분열 상황 속에서 조국에 의해 정치, 경제적으로 이용만 당했던 존재. 한국인이면서 한국인의 권리를 박탈당한 그들에게 잃어버린 권리를 되찾아 주자는 귀중한 운동이 태동하고 있다. "재일동포에게 조국 참정권을!"(중략)

재일동포는 대한민국 국민인가.

외무부 당국자는 재일동포의 한국에서의 법적 지위를 분명하게 "대한민국의 국민"이라고 말했다.

국민은 어떤 경우에 참정권을 갖는가. 죄를 지어 형을 받고 옥살이를 하는 등의 경우를 제외하고는 헌법상 당연히 누려야 할 권리라는 것이 법학자들의 해석이다. 이 정도에 이르면 논리학의 기본인 삼단논법을 아는 사람은 "왜 재일동포에게는 한국의 헌법이 부여한 참정권을 주지 않고 있느냐?" 하는 의문을 제기할 수 있을 것이다.

"참정권 획득"이 아닌 "참정권 회복"

그러나 통칭 60만 명에 이르는 재일동포는 엄연한 국민으로서 대한민국 정부가 발행한 여권을 갖고 세계 방방곡곡을 여행하고 있지만, 1948년 대한민국 수립 이후 한 번도 조국에 대한 참정권을 가져보지 못했다. 오히려 일본이 52년 샌프란시스코 강화조약에 의해 재일조선인의 일본 국적을 박탈하기 전까지는 일본에서 참정권을 행사했다. 한마디로 그들은 종전과 함께 침략국 일본에 무권리한 상태로 버려졌다. 또 그들은 일본 땅에서 두 패로 나뉘어 남북의 분단이 그대로 투영된 이념 싸움을 벌이기도 했다. 한마디로 그들은 아직까지도 조국에서 일본 땅에 무권리한 상태로 내팽개쳐진 채 일본인으로부터의 차별, 남북 분단으로 인한 고통 등 삼중고를 겪는 존재다. 한 재일동포는 이를 "정부에 의한 기민정책" 또는 "재일동포를 일본에 인질로 남겨둔 정책"이라고 비판했다.

기본적으로 식민지 지배에 대한 일본의 사과를 이끌어내지 못한 전후 청산의 미흡에서 출발하는 재일동포의 고통을 한국에서 할 수 있는 일이나마 먼저 풀어내자는 운동이 꿈틀대고 있다. 바로 한국의 국민으로부터 잊혀진 존재, 조국으로부터 버려진 존재인 재일동포에게 국민의 기본권인 조국 참정권을 되찾아주자는 운동이 그것이다.

아직 본격적인 단계에 진입하지는 않았지만, 재일동포 문제에 관심이 많은 경북대 김영호 교수, 고려대 배손곤 교수, 박계동 의원 등이 주축이 된 10여 명이 지난해 말부터 "재일국민의 조국 참정권 회복을 위한 시민연대"(약칭 조국 참정권 시민연대) 준비모임을 구성해 적극적인 활동을 모색하고 있다. 이들은 지난해 두 차례의 준비모임을 통해 모임의 틀, 목표, 일정 등에 대한 의견을 모았으며 앞으로 몇 차례의 준비모임을 더 가진 뒤 3월께 정식 모임을 출범시킬 계획이다. 이들은 재일동포의 참정권 회복 목표시점을 97년 대통령·선거 때로 맞추고 이를 위해 국민을 상대로 한 서명운동, 토론회, 대정부 또는 대국회 로비, 사회 여론층에 대한 의식 확산 운동 등을 다양하게 전개할 예정이다. [20]

기사에서 소개한 조국 참정권운동이 태동한 1990년 중반은 일본으로의 국적 전환이 한참 이뤄지던 때였다. 하지만 이러한 상황에서도 재일동포들의 참정권운동은 다양하게 전개됐다. 이들은 당시 김영삼 대통령에게 '호소문'을 보내기도 했다. 호소문에서 그들은 "재일동포 그들은 일본 제국주의의 식민 지배의 희생자로서 그동안 우리의 민족적 분노와 정서의 대상으로 여겨지다 사라지곤 했을 뿐 아무도 확실한 동족 국민으로서 인식하지 않았다"고 지적한 뒤 "잊혀진 동포를 되찾자"고 촉구했다. 이들이 모임의 명칭에 '참정권 획득'이 아닌 '참정권 회복'이라는 표현을 쓴 것도, 없던 권리로서의 참정권을 주자는 것이 아니라 당연히 받을 권리를 그동안 박탈했다는 점을 강조하기 위한 것이었다.

재일동포 조국 참정권 문제에서 가장 극적으로 드러났던 모순은 이들이 대통령 또는 국회의원에 출마하는 피선거권은 있지만 투표할 권리, 즉 선거권은 없다는 사실이었다. 투표지가 주민등록에 근거해 나오므로 주민등록증이 없는 이들에게 투표권은 나오지 않지만, 헌법과 법률이 규정한 자격에 따라 대통령, 국회의원에는 나설 수 있었던 것이다.

1997년 6월, 이부영 의원(당시 신한국당)이 재외국민 138명의 서명을 받아 '재외국민 선거권 보장에 관한 청원'을 제출함으로써 이 문제가 국회에서 처음으로 공론화된 데 이어 그해, 8월에는 재일동포 2세로 해외동포의 참정권 회복운동을 주도적으로 벌여온 이건우 씨를 포함한 재일한국인 9명이 '공직선거 및 부정선거방지법'이 위헌이라며 헌법소원을 냈다. 대한민국 국민은 법 앞에 평등하고 누구나 법이 정하는 바에 의해 선거권을 갖는다는 헌법의 취지가, 관할구역에서 주민등록증 있는 사람만 선거권자로 한정해 주민등록증이 없는 재외국민은 선거에서 배제한 '공직선거 및 선거부정방지법'과 맞지 않는다는 내용이었다. 이에 대해 헌재는 1999년, 앞서 말했듯 분단 상황과 관리의 어려움 등을 들어 기각했다.

하지만 이 씨 등은 법정투쟁을 계속했다. 2002년 3월엔 4명의 재일동포와 연명으로 선거권 침해에 대한 손해배상청구소송을 내기도 했다. 당시 이들의 요구는 '공직선거 및 선거부정방지법'에 재외선거인 명부 작성을 추가하는 방향으로 법을 개정하라는 것이었다. 또한 헌법소원을 비슷한 시기에 낸 재불동포들과 '한겨레네트워크'라는 조직을 꾸려 연대활동을 벌여나갔다. 이 씨는 2002년 「한겨레21」과의 인터뷰에서 "한국 국적을 꿋꿋이 지키고 사는 동포들에게 아무 권리도 없는 한국 국적을 벗어나 국민으로의 인격을 느끼게 하는 일이 가장 중요하다"고 강조했다. 그는 이것이 "방치로 일관해온 조국의 재외동포 정책에 종지부를 찍는 일"이라고 지적했다.[21]

조국 참정권운동은 추상적인 권리의 요구만이 아니었다. 주민등록번호가 가장 중요한 신상정보로 통하는 우리 사회에서 주민

등록이 안 돼 겪는 생활의 불편은 이루 말할 수 없었다. 현재 주민
등록법은 해외이주를 포기한 뒤가 아니면 등록할 수 없도록 돼 있
다. 이에 지난 2002년 9월, 재일동포 3세 유학생 4명도 청와대에
진정서를 보냈다. 주민등록번호가 없어 국내 인터넷에서 이메일
계정을 만들 수 없고, 의료보험도 못 받는 처지를 호소한 것이었다.
"재일동포는 외국인이 아닙니다. 여권도 한국 외무부에서 만들어
주는 정식 국민입니다. 적어도 제가 조국에 살고 있는 동안만이라
도 해외 이주자도 아니고, 외국인도 아닌 대한민국 국민으로 떳떳
하게 생활할 수 있도록 해주시기 바랍니다."

한편, 재외국민의 참정권 회복을 위한 노력은 정치권을 중심으

로도 진행됐다. 2005년 6월 국회에 설치된 정치개혁특별위원회와 2007년 행정자치위원회와 정치관계법특별위원회에서 수차례 토론하고 공청회를 개최해 제도화를 위해 노력했으나 결실을 못 봤다. 주무부서인 선관위도 재외국민의 참정권 행사를 보장하는 것을 내용으로 하는 공직선거법 개정 의견을 3차례에 걸쳐 국회에 제출했다. 다만 그 실시 대상을 유학생, 주재원 등 국내에 주민등록이 된 단기 체류자로 한정했다. 직전 실시된 두 차례의 대통령 선거에서 워낙 근소한 표차로 당선인이 결정되어 재외국민선거의 결과에 따라 당락이 좌우될 수도 있을 것으로 판단되는 상황이기 때문에 재외국민선거에 대한 경험이 축적되지 않아 그 실시 과정에서 어떤 상황이 발생할지 예측하기 어려웠다는 것이 그 이유였지만, 궁색한 것도 사실이다.

2004년 8월, 헌재의 합헌 결정에 동일한 안건으로 두 번 원고가 될 수 없었던 이건우 씨가 자신의 딸 등을 원고로 세워 다시 헌법소원을 제기했다. 이를 계기로 세계 각국의 재외동포들이 당시 공직선거 및 선거부정방지법이 위헌이라는 헌법소원을 잇따라 제기했다. 결국 헌재는 2007년 이건우 씨의 손을 들어줬다.

왜 일본에서 참정권운동이 시작됐을까?

왜 참정권운동이 재일동포 사회에서 먼저 일기 시작했을까. 이 질문에 답을 하기 위해선 먼저 재일동포가 어떻게 형성됐는지에 대한 역사적 이해가 필요하다. 일제 강점으로 인해 일본에 건너온 '올드커머'들부터 최근에 이주한 '뉴커머'까지 일본에 거주하고 있는 재일동포들의 수는 90만3천806명(2010년 12월 기준 외교통상부 통계)에 달한다. 100만 명에 가까운 그들의 국적은 한국인가, 일본인가, 아니면 북한인가. 재일동포는 크게 '조선' 국적 소지자, 한국 국적 소지자, 일본 국적 소지자의 세 부류로 나뉜다. 한국 국적 소지자란 한국 국민과 같은 뜻이다. 그렇다면 조선 국적 소지자는 북한의 국민인가. 그렇지는 않다. 조선적의 '조선'은 "조선반도 출신, 조선 민족의 일원이라는 의미, 즉 국적이 아니라 민족적 귀속을 나타내는 기호"였다.

1947년 쇼와 일왕 최후의 칙령인 외국인 등록령에 따라 '외국인'으로 간주된 재일동포는 외국인 등록을 할 때 자신의 '국적'을 신고하고 기입해야 했다. 분단으로 치닫던 당시 상황에서 남북 어디에도 국가는 없었다. 나라가 없는데도 국적을 신고하라고 강요받은 재일동포는 결국 국적란에 '조선'이라고 기입했다. '조선적朝鮮籍'은 그렇게 만들어졌다.

조선적을 가진 재일조선인은 현재까지도 사실상 무국적 상태다. 예외적으로 북한의 여권을 취득한 사람도 있지만, 일반적으로 여행·유학·상용 등의 목적으로 해외에 나갈 때에는 여권 없이 일본국이 발행하는 '재입국허가증'만을 가지고 출국하게 된다. 만약 해외에서 불의의 사고나 사건을 당해도 외교보호권을 행사해줄 나라는 존재하지 않는다.[22] 대다수의 조선적 재일동포들에게 국적은 차별의 다른 이름이었다. 한 조선적 재일동포의 이야기를 직접 들어보자.

왜, 나는, 우리 땅에서 태어나지 못했을까. 내 나라에서 가족과 동무와 우리말로 이야기하며 맛있는 우리 음식을 먹고 사는 생활은 재일조선인인 나에게는 꿈속의 꿈이다. 북에서든 남에서든 내 나라에서 태어나고 싶었다. (중략) '조선'은 없어진 나라를 표기한 것에 불과해 무국적자나 다름없는 취급을 받는다. 무국적자이기 때문에 여권이 없고 외국에 갈 때마다 재입국허가서를 받아야 한다. 남쪽에 갈 때는 한국 정부에서 발행하는 임시 여권이 필요한데 북-남 관계에 따라 임시 여권을 주지 않을 때가 많다. 또한 잠재적 테러집단으로 여겨져 일본 공안경찰의 관리 대상이 되고, 이 때문에 직업을 선택할 때도, 일상생활에서도 많은 제약을 받는다.

ㅡ 리정애, 『재일동포 리정애의 서울체류기』중에서

재일동포들은 일본에 영주하면서 일본정부에 납세의 의무를 다하고 있음에도 조선적 유지를 이유로 참정권, 진료혜택, 취업, 교육 등 기본적인 권리에서 차별을 받았다. 일본정부는 식민지 지배로 인한 이주 또는 징용 때문에 일본에 살게 된 그들을 여타 외국인과 같이 취급했다.

이러한 상황에서 재일동포의 존재가 한일 양국에서 주목받는 일은 매우 드물었다. 재일동포를 간첩 또는 친북의 이미지로 덧씌운 한국정부는 그들을 체제 안정의 도구로 이용할 뿐이었다. 일본에서 재일동포는 식민지 출신의 비국민이었다. 2000년까지 일본정부는 재일동포들에게 외국인으로 등록할 때 지문 날인을 받았다.[23]

그들은 잠재적 범죄자였다. 재일동포들은 한일 양국에서 '난민과 국민 사이' 어딘가에 존재했다. 오늘날 재일동포가 한일 양국에서 겪는 어려움은 일제강점, 냉전, 분단, 군사독재와 더불어 일본 내의 '경계인'으로서의 불이익을 감내해야 하는 데에서 비롯됐다.

재일동포는 6세까지 출현하고 있는 상황임에도 불구하고 상당수가 한국(조선)국적을 유지하고 있다는 점에서, 그리고 거주국인 일본국적 취득에 부정적인 인식이 여전하다는 점에서 여타 재외동포들과 확연히 구분된다. 일본에서 국적 차이로 인해 차별이 정당화되고 있는 상황임에도 불구하고 약 40만 명이 여전히 한국국적을 유지하는 것은 다름이 아닌 정체성 때문이다. 재일동포들의 민족교육을 공교육에서 인정하지 않는 일본에서 자라난 재일동포에게는 "한국국적 탓에 일본사회에서 차별받는 일"만으로도 정체성을 확인하기에 충분한 것이다.[24] 그런 그들에게 조국 참정권의 문제는 더 각별하게 다가왔을 터다.

3 재일조선인은 누구인가

일본사회에서 조선적을 유지한다는 것은 일상적인 차별을 감수한다는 뜻이다. 조선적을 가진 재일동포 가운데 일부는 북한을 조국으로 여기지만, 그렇다고 모든 조선적 재일동포가 그러한 것은 아니다. 재일조선인으로서 정체성을 지키는 하나의 증좌로 조선적을 유지하는 이들도 있다. 그들은 남북이 하나 되는 그날까지 조선적을 고집하겠다는 민족주의적 성향의 1세들부터, 전체주의적인 북한도, 물신주의적인 남한도 거부한다는 의미에서 조선적을 유지하는 2세들까지 그 이유가 상이하다.

그럼 재일조선인은 조선적을 가지고 있는 재일동포를 이르는 말인가. 재일조선인으로 스스로를 규정하고 있는 서경식 도쿄경제대학 교수의 말을 직접 들어보자.

현재의 일본 사회에서는 '재일한국인'이라는 호칭과 '재일조선인'이라는 호칭이 애매하게 뒤섞여 존재하는데, 후자를 일본에 거주하는 '조선민주주의인민공화국(이하 북한 혹은 북조선으로 줄임) 출신자' 혹은 '북한 국민'으로 오해하는 사람들이 적지 않다. 동시에 '재일한국 · 조선인'이라던가 '한국어'라는 말도 자주 쓰이는데 이들 용어는 모두 재일조선인이 형성된 역사에 대한 무지의 소산이라 할 수 있다. 또한 '조선'과 '한국'은, 전자는 '민족'을 후자는 '국가'를 나타내는 용어이며 관념의 수위가 다르다. 혼란은 이와 같은 개념상의 구별이 애매한 상황에서 발생하는 것인데, 그 배경에는 '민족'과 '국민'을 동일시하는 것에 의구심을 갖지 않는 단일민족국가 환상이 뿌리 깊게 가로놓여 있다. 조선 민족의 생활권은 현존하는 국가들의 경계를 넘어, 조선반도의 남북은 말할 것도 없고, 일본, 중국, 구소련의 중앙아시아 국가들, 북미, 유럽, 중남미 등으로 확장되고 있다. 그 사람들을 뭐라고 총칭할 것인가. 나는 현재로서는 '조선인'이라는 말이 가장 적합하다고 생각하는데, 한편에서는 '한국인'이나 '한인'이라고 해야 한다는 입장도 있다. 최근 일본에서는 외래어표기 문자인 가타카나로 '코리언'이라고 부르는 사람들도 있다. 구소련의 조선 민족은 스스로를 고려 사람이라고 부른다. 이처럼 민족의 호칭 문제 하나를 보아도 속 시원한 통일은 어렵다. 이런 상황 자체가 식민지배, 민족분단, 민족이산을 경험해온 조선 민족의 현실을 말해주고 있는 것이다. 나는 '한국인'이라는 말을 민족의 총칭으로 삼는 것은 부적절하다고 생각한다.

재일동포의 세 가지 길

이건우 씨를 비롯한 재일동포들의 참정권운동이 재일동포 사회에서 전적인 지지를 받은 것은 아니었다. 조국 참정권운동은 일본 안에서도 조직적인 갈등 상황에 놓이기도 했다. 대한민국일본거류민단(이하 민단)에서 일본 '주민'으로서 지방의회 선거에 참여할 수 있는 지방참정권 획득을, 한국 '국민'으로서 조국 참정권을 회복하는 것보다 우선순위로 놓았기 때문이다. 이 씨 등은 크게 반발했지만, 민단을 비롯한 일본에서의 일상이 '현실'인 이들에게 먼 조국에서 행사할 수 있는 권리보다는 지방참정권이 먼저 피부로 다가올지 모른다.

참정권 행사의 대상을 둘러싼 이와 같은 갈등의 배경에는 재일동포들이 가야할 길에 대한 근원적인 입장차가 자리한다. 재일조선인[25]이 가야할 길에 대해서는 크게 3가지 주장이 있어왔다. 첫

째는 재일본조선인총연합회(이하 조총련)이 주장하는 조국의 해외공
민으로 살아야한다는 해외공민론이다. 둘째는 민단의 입장인 해
외국민으로 살면서도 정주외국인으로서의 지위를 더 강조하며 일
본 국내에서의 차별 철폐와 권리 획득, 특히 지방참정권 획득을 지
상과제로 삼는 정주외국인론이 있다. 마지막으로는 귀화하여 일
본 국적을 취득하고 일본 국내의 소수민족 즉 조선계 일본인으로
살 것을 촉구하는 조선계 일본인론이다. 앞의 두 주장은 모국의 국
적(한국 또는 조선) 유지를 전제로 하는 점은 동일하지만, 지방참정권
을 놓고는 의견이 갈린다. 세 번째 주장은 국적을 일본으로 바꿀 것
을 주장한다는 점에서 앞의 두 주장과 큰 차이를 보인다.

북한의 재외공민이라는 입장을 고수하는 조총련은 차별 철폐,
생활권 획득 운동에는 동참하지만 지방참정권 요구 운동에는 반
대한다. 일본에 대한 내정간섭이자 재일조선인이 일본인으로 동
화될 우려가 있다는 이유에서다. 조총련은 재일조선인 문제의 최
종적인 해결 방안은 조국의 통일과 그에 따른 조일식민지 관계 청
산이라고 주장한다. 따라서 조국과의 긴밀한 유대관계를 무시한
채 오로지 일본 국내의 권리획득에 몰두하는 것은 잘못이라고 비
판한다.26

민단이 주장하는 정주외국인론은 내외국인이 평등하다는 관점
에서 국정참여를 제외한 나머지 모든 분야에서 일본인과 동등한
권리를 요구한다. 이 주장은 식민지 지배로 인해 일본에 거주하게

된데다 완전히 현지에 정착하고 있다는 역사적인 특수성을 강조하고 동시에 유럽 국가들에서 일부 실현된 외국인 지방참정권 부여와 같은 외국인 인권보장의 국제적인 흐름을 그 근거로 든다.

귀화를 권장하는 '조선계 일본인론'은 21세기 들어 급속히 그 세를 넓혀가고 있다. 일본 정부는 식민지 지배의 산 증인인 재일조선인 집단을 자연스럽게 소멸하려는 정책을 은밀히 펴왔다. 추방 아니면 동화라는 양자택일의 강요가 바로 그것이다. 최근 한 연구에 따르면 1959년에 시작된 북송운동도 일본 정부가 뒤에서 주도 면밀하게 준비한 추방정책이었음이 밝혀졌지만, 재일조선인 동화의 주된 방법은 귀화였다. '조선계 일본인론'자들은 귀화해도 민족성은 지킬 수 있다고 강조한다. 오히려 귀화한다고 하더라도 민족 집단으로 살아남을 수 있다는 논리를 전개하기도 한다.

반쪽 참정권 베푸는 북한?

그렇다면 여기서 궁금증 하나. 북한은 재일동포의 참정권 문제를 어떻게 해결하고 있을까. 대략 90만 명으로 추산되는 재일동포 가운데 한국 국적을 가진 동포(민단계)는 46만여 명, 조선 국적을 가진 동포(총련계)는 10만 명 수준으로 알려져 있다.

그러면 북한은 국적의 구분에 따라 조선 국적을 유지하고 있는 10만 명에게만 북한 참정권을 주고 있는가, 아니면 예전 한국과 같이 참정권을 주지 않고 있는가.

총련계 인사들과 북한쪽 법에 밝은 민단계 법조인들에 따르면 둘 다 틀린 답이다. 북한은 '조선국적법'에 따라 원칙적으로 한국이나 조선민주주의인민공화국의 국적을 포기하지 않은 모든 사람에게 참정권을 주고 있다. 한반도 전체가 북한 영토이므로 한국 국적을 가지고 있는 사람도 미수복 지구의 국민이라는 발상에 근거한 정책이다.

그러나 실질적으로 재일동포가 참정권을 행사하느냐 하면 그런 것은 아니다. 또 북한도 한국과 같이 일본 안에서 참정을 하는 제도는 없다. 다만 남쪽 사람이든 북쪽 사람이든 북한에 체류하는 기간에 선거가 있으면 투표권을 주고 있다는 것이다.

총련계의 학자는 이에 대해 "법으로는 재일동포에게 선거권이 보장돼 있지만, 일본 현지에서 행사하는 제도가 없으므로 행사되지 않는 권리라고 할 수 있다"면서 "현실적으로 권리가 보장되기 위해서는 일본 현지에서 투표하는 체제가 갖춰져야 할 것"이라고 말했다.

이런 제도의 문제 때문에 북한이 총련쪽에 관행적으로 배당하고 있는 6명의 최고인민회의 대의원의 선거구도 북한에 있다. 이들을 뽑는데도 총련계 동포의 의사가 전혀 반영되지 않고 있다. 한국의 옛 유정회식으로, 실질적으로는 북한 당국이 이들을 임명하는 체제다.

재일동포인 김경득 변호사는 「한겨레21」과의 인터뷰에서 "북한이 재일동포 몫으로 계속 5~6명의 대의원을 배당하는 것은 어쨌든 법제도적으로는 한국보다 앞서 있는 것"이라고 인정하면서도 "그러나

변화하는 자이니치 사회

조선적을 포기하지 않는 이들이 있지만, 시간은 귀화자의 편이었다. 시간이 지나면서 조선적은 점점 줄어들고 한국 국적 전환이 급증하기 시작했다. 1980년대 들어서는 한국적이 조선적보다 많아졌다. 1990년대에는 국적자 수에서 '일본〉한국〉조선'의 관계가 되었다. 한국적 전환이 다시 귀화로 이어진 까닭이다. 결국 동포들의 국적 전환 추이는 '조선 → 한국(1980년까지) → 귀화(1990년대 이후)'의 순서를 밟게 되었다.[27]

외교통상부의 2003~2010년까지의 귀화자 통계를 보더라도 이런 추세는 확인된다. 통계를 보면, 지난 8년여 동안 한 해 평균 8천여 명씩 귀화를 하는 것으로 나타났다. 특히 2003~2004년에는 무려 2만4천672명의 재일동포가 귀화를 했다. 이 통계는 귀화에 거부감이 덜한 2~3세대 재일동포의 인식을 방증한다.

예측 가능한 시기에 일본 정부가 재일동포에게 지방참정권을 부여하고 차별을 철폐하는 날이 올까. 전망은 지금까지와 마찬가지로 어둡다. 일본 정부의 태도 변화가 어려운 상황에서 재일동포는 현실적·경제적 차원에서 귀화에 나서고 있다. 귀화한 재일동포 가운데서도 자발적이냐 비자발적이냐에 따라 귀화를 대하는 태도가 갈렸지만, 모두 이 흐름이 계속되리라는 점에는 동의했다. 코리아엔지오센터의 곽진웅 대표이사는 닫힌 민족주의가 아닌 열린 네트워크를 강조했다. "'코리안 네트워크'를 강화해야 합니다. 그 네트워크는 폐쇄적인 것이 아니라 열려 있어야 합니다. (국적이 중국인) 조선족이나 귀화한 재일동포를 모두 다 연결해야 합니다. 그 뿌리가 한반도에 있다면 누구든 네트워크에 들어올 수 있어야 합니다." 민족을 대체할 느슨하고 자율적인 망을 상상할 때라는 것이다.

이와 같이 점점 소멸해가는 재일동포사회에서 참정권 회복이 가지는 의미는 단순히 주권자로서의 권리를 회복했다는 점에 머물지 않는다. 모국의 참정권 획득은 재일동포가 앞으로 일본 땅에서 어떤 존재로 살아갈 것인가라는 삶의 방향을 좌우하는 규정력을 가지는 것이다. 지금까지 재일동포의 참정권 문제가 도마에 오를 때, 그것은 주로 일본 내 지방참정권 획득 문제로 부각된 경우가 많았다. 이는 재일동포의 주류인 민단이 재외국민 참정권이 아니라, 지방참정권 획득을 최대과제로 내걸고 강력히 운동해왔기 때문이다. 앞서 말했듯 재외국민 조국 참정권이 일본 지방참정권 획득운동에 걸림돌이 된다는 비판까지 할 정도였다.

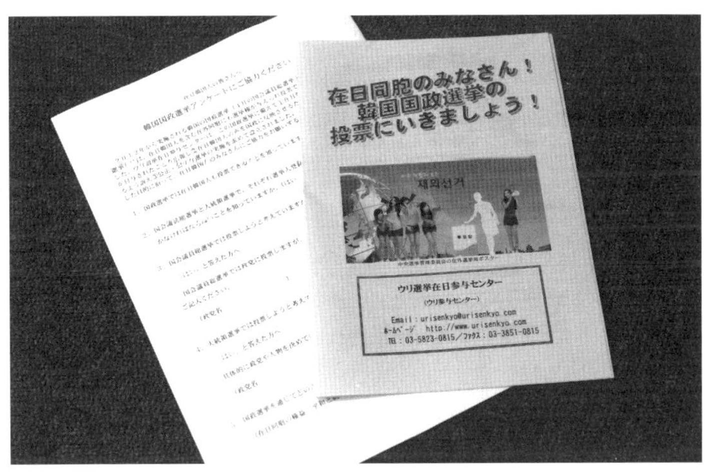

한통련이 재일동포들에게 재외선거 투표권을 홍보하기 위해 만든 안내문과 설문지.

수십 년간 지방참정권 싸움을 해온 재일동포들에게 한국에서 먼저 날아온 투표권 부여 소식은 감회가 남다를 수밖에 없다. 앞서 말했듯 2012년 4월 11일 치러지는 제19대 국회의원 총선거는 재외국민에게도 투표권이 주어지는 첫 선거다. 일본에서의 '삶'보다 한국인이라는 '피'에 무게를 두고 살아온 이들은 총선에 이어 8개월 뒤인 12월19일 제18대 대통령 선거에도 한 표를 행사할 수 있다. 이런 이들이 어림잡아 47만여 명이다.

민단 인터넷 홈페이지에는 태어나서 처음 해보는 국정 투표에 대한 기대를 담은 몇몇 한국국적 재일동포들의 의견이 올라와 있다. 참여 자체에 의미를 둔다는 이도 있지만, 제한된 정보나마 인물이나 정책을 얘기하며 자못 진지하게 한국 정치를 들여다보는 이도 많다. 정신없이 요동치는 선거 판세에 넋을 놓게 될 한국과 달리 일본에서는 축제처럼 흥겨운 선거판이 벌어질 수도 있다.

이런 상황에서 한국의 일부 보수세력과 민단 중앙에서 총련 등 이른바 '반국가단체'에 소속된 이들의 조직적 선거 개입이 우려된다며 벌써부터 이념적 어깃장을 놓는 상황이 나타나고 있다. 재일동포 사회의 고민을 어떻게 선거에 반영할지는 뒷전에 놓인 느낌이다. 이미 민단-총련으로 이념적으로 분열된 재일동포 사회가 한 번도 경험해보지 못한 선거판을 거치며 또 다른 균열을 맞닥뜨리게 될 수도 있다는 얘기다.

"한 사람이라도 더 많이 선거인 등록을 하고, 한 사람이라도 더 많이 투표하도록 해야 한다. 선거권을 행사하는 데 걸맞은 재외국민으로서의 자각을 키우고 재일동포 사회에 정치적 갈등을 가져오지 않고 건전한 선거가 이뤄질 수 있는 토양을 배양해야 한다." 지난 8월15일 민단 중앙본부의 정진 단장은 광복절 축사에서 재외선거 참여운동을 벌이겠다며 이렇게 말했다. 그러면서 민단의 '책무'로 '불순한 정치공작 배제'를 들고 나왔다. "한국에는 당연히 여당·야당이 있고 다양한 이념과 정책을 내세우는 정당·정치인이 존재한다. 이뿐만 아니라 북한 독재에 추종하는 세력도 재일 종북세력과 연계를 강화해 얕볼 수 없는 존재가 되고 있다. 각각의 처지에서 재일 유권자에 대한 활동이 분명 강화될 것이고, 재일 사회에 정치적 당파성이 생겨 새로운 불씨를 만들어낼 수도 있다." 정

단장의 말은 이렇게 이어진다. "우리가 견지해온 불편부당이란, 어디까지나 대한민국의 정통성과 헌법질서를 준수하는 범주에서만 적용되는 원칙으로, 북한 독재와 그 추종 세력을 결단코 용인하지 않는다. 본단의 전통이라고도 할 수 있는 이런 조직적 입장은 재외국민 선거권을 행사하는 시대에 더 철저히 해야 한다."

총련 선거 개입설의 진실

뜯어보면 옳은 듯이 들리지만, 묶어서 보면 재외선거 참여운동 자체를 이념적 기반에 놓고 있다는 인상을 지우기 힘들다. 앞서 민단에서 주간 발행하는 「민단신문」은 "친북정권 수립 조준… 북한, 한국 2대 선거 개입 공작" 등의 기사를 내보냈다. 이즈음 한국에서도 보수신문을 중심으로 "총련 '내년 대선-총선 투표' 한국국적 취득 움직임" 등의 기사를 찍어냈다. 민단의 이름을 빌려 쓴 추측성 기사는 재일한국민주통일연합(한통련)과 북한, 총련이 연관돼 있고 이들이 투표권을 얻기 위해 조직적으로 국적 취득을 하고 있다는 내용이었다.

"투표권이 있는지 잘 모른다. 알아도 별 관심이 없다. 관심이 있어도 (투표를 위한) 여권이 없는 사람이 많다." 재외선거를 앞둔 현 재일동포 사회의 단면은 '반국가단체'라는 들씌움을 아직 벗지 못한 한통련 쪽에서 나오고 있었다. 한통련은 재외선거를 홍보하는 인터넷 홈페이지와 안내문에 이어 설문지까지 만드는 등 민단보다 더 활발한 활동을 하고 있다. 작년 8월 「한겨레21」과 인터뷰를 갖은 박남인 한통련 부사무총장 겸 국제국장은 "일본에 흩어져 있는 지방본부 8곳을 중심으로 선전물 배포, 설문조사, 호별 방문 등을 하고 있다"며 "하지만 호별 방문을 나가면 '한국 국정이나 정치, 내부 문제에 관심 없다'는 사람이 많다"고 했다. 재일동포들이 발붙이고 사는 곳이 바다 건너 한국이 아닌 일본 사회인 만큼 '지금-여기'의 생활에 더 관심을 가진다는 얘기다. 박 국장은 "다만, 조선반도의 평화 문제에 대해서는 직·간접적으로 관계가 있기 때문에 관심을 보이는 경우가 있다"고 했다.

한통련이 만든 설문지는 이런 내용을 담고 있다. △재일 한국인도 투표권이 있다는 것을 알고 있나? △투표할 생각이 있나? △총선에서 투표할 정당은? △대선에서 지지할 정당·인물은? △선거를 통해 어떤 분야의 정책이 실현되기를 바라나?(재일동포 권익, 평화·통일, 한-일 관계, 기타) △한국 정부는 선거 홍보를 더 해야 한다고 생각하는가 등이다. 박 국장은 또 "투표권이 있다는 사실 자체를 모르는 재일동포가 굉장히 많다. 지난 1월 한통련 대의원대회에서 2012년을 '정치결전의 해'라고 보고 투표권 홍보 활동을 하자고 결정했다"며 "우리가 반국가단체로 규정돼 있는 탓에 특정 정당 지지·반대는 오해를 불러일으킬 수 있어 우선적으로 선거홍보 활동에 힘을 쏟고 있다"고 했다. 그러면서도 "내년 선거에서 민주·민생·평화를 파탄낸 책임을 물어 정권 교체를 실현해야 한다"는 뜻은 분명히 했다. 그는 "선거가 다가오면 오히려 조직이 큰 민단 쪽이 보수정당 등에 투표하라고 조직적으로 움직일 것이다"라고 내다봤다.

총련 쪽은 재외국민선거 관련 질문에 손사래를 쳤다. "우리는 그런 질문에는 아예 답변을 하지 않는 것이 좋을 듯하다. 어떤 말을 해도 북한이 조직적으로 남한 선거에 개입하려 한다고 그러지 않겠나." 한 재일동포는 "총련 쪽은 한국국적자 자체가 많지 않다. 물론 개인적으로 투표하는 사람이 일부 있겠지만, 조직적으로 선거에 개입한다는 것은 이상한 얘기로 들린다"고 했다. 민단에도 총련에도 속하지 않은 오사카 코리아엔지오센터의 곽진웅 대표이사는 "어느 정당을 지지하자, 이런 정치활동 차원이 아니라 권리 차원에서 투표권을 적극 행사해야 한다"고 했다.

선관위, 외교통상부, 법무부, 대검찰청 등은 지난 2011년 9월 8일 재외국민선거 관계기관협의회를 열어 총련계 한국국적자 등의 재외선거권 제한 방안을 논의했다. 외교통상부는 2000년부터 올해 7월까지 한국국적을 취득한 재일동포가 5만여 명이라고 설명했다. 외교부 관계자는 "그렇다고 이들 모두가 총련계라는 말은 아니다. 총련 소속이었는지 아니었는지를 확인할 수 있는 방법은 없다"고 했다.

선관위 쪽은 중립적으로 진행돼야 할 선거관리 업무가 정치적 색깔을 띠는 것이 못마땅하다는 반응이다. 선관위 관계자는 "정치권이나 언론 등에서 염려하는 취지는 알겠는데, 그렇다면 북한에서 탈북해 한국국적을 얻은 사람과 총련계 한국국적 취득자의 형평성 문제는 어떻게 할 것이냐"고 되물었다. 선관위 쪽은 "반국가단체·이적단체 소속원의 선거권 제한도 사법적으로 판단이 이뤄져야 가능하다. 우리 국민이라는데 선거 참여를 막을 방법은 사실상 없다. 헌법적으로도 맞지 않다"며 "반국가단체 소속원인지 여부를 어떻게 증명할지가 문제인데, 우리는 선거관리 기관이지 국가안보 당국이 아니다"라고 했다. 9월 8일 회의는 결국 별다른 소득 없이 끝났다. 9월 14일에는 한나라당 윤상현 의원이 "해외에서 북한을 지지하는 세력이 국내 선거에 개입해 민의가 왜곡될 수 있다"며 공직선거법 개정안을 국회에 제출한다고 했지만 구체적 방안은 전혀 내놓지 못했다. 검찰 관계자는 "북한이 선거 국면에 적극 개입할 것이라는 정보기관의 첩보가 있다"며 "'오염된 표'가 한 표라도 들어오면 선거 직후 공정성 시비 등 한국 사회에 소모적 갈등이 빚어질 수 있다"고 했다. 그러면서도 이 관계자는 "총련도 응집력 있게 움직이는 사람이 한정돼 있고, 총련 안에서도 '한쪽'으로만 투표가 이뤄질지 모르는 일이다. 총련 개입 가능성이 낮을 수 있다"고 내다봤다. 그는 "과거 군사독재 시절 일본 유학생 등이 한국에서 간첩으로 몰려 호되게 당했던 경험 탓에, 한국 정치에 개입하지 않으려는 재일동포들의 정서가 강하다"고 했다.

민단이든 한통련이든, 긍정적이든 이념적이든 재일동포 사회에서 재외국민선거가 조금씩 이슈가 되고는 있지만 투표율로 곧바로 이어지기 힘든 지점이 여럿 있다. 재미동포 사회는 1.5~2세대가 중심이고 여전히 한국과도 가깝게 지낸다. 반면 재일동포 사회는 3세대 중심으로 옮겨가고 있는데, 3세대만 해도 한국과의 거리감을 크게 느낀다는 것이다. 여기에 한국 정부의 재일동포 정책도 걸림돌이다. 민단에도, 총련에도 소속되지 않은 한 자이니치 인사는 "1990년대 초반까지는 재일동포 정책이라는 게 북한과 총련에 대항하기 위한 정책이었다. 솔직히 말해 한국 정부가 재일동포에게 뭘 해줬는지 모르겠다"고 말했다. 3~4세대 젊은 재일동포들이 찾지 않는 민단의 영향력에도 회의적 시선이 많다고 한다.

재일동포들의 재외국민선거 투표권 행사를 우려하는 이들도 있다. 일본에서 경험한 철저한 차별의 기억과 일본 내 우익보수 세력의 준동 때문이다. '일본에서 살고 지방참정권까지 요구하고 있지만 결국 너희는 한국인이다'라는 인식을 일본 사회에 심어줄 수 있다는 것이다. 이에 대해 재외국민선거를 관장하는 기관의 한 관계자는 "첫 재외국민선거다. 일단 한번 선거를 치러보는 수밖에 없다"고 했다. 얼마 남지 않은 첫 재외국민선거가 재일동포 사회와 한국 정치에 살을 돋게 할지, 또 다른 생채기를 남길지 일단 지켜볼 수밖에 없게 됐다.

뜨거운 선거, 차가운 선거

현행 공직선거법은 정치적 의사를 표현하고자 하는 유권자를 전과자로 만들어내는 '과도한 금지의 법'이었다. 제한과 룰을 허물면 부정선거가 난무할 것이라 믿는 검찰을 비롯한 사정당국은, 주권자인 시민의 정치적 표현의 자유를 제한하더라도, 적막하고 조용한 선거를 치르고 싶어 한다. 유권자의 입을 틀어막고 치르는 지금 이 대로의 선거라면 "사람들은 투표장에 들어갈 때는 주인이 되지만 투표 후에는 또다시 노예가 된다"는 장자크 루소의 말은 틀린 말이 될 듯하다. 투표장에 들어가는 순간까지도 노예와 별반 다르지 않은 까닭이다.

헌재는 2011년 12월 29일 판결에서, 비록 선거가 과열됐다고 하더라도 유권자들의 정치적 의사가 자유롭게 개진되고 열띤 공방을 벌이는 것이 그 반대의 경우보다 사회적 이익이 더 크다고 판시한 바 있다. 뜨거운 선거가 차라리 차가운 선거보다 더 낫다는 말이다.

본디 선거는 민주주의의 심장이었다. 인류가 만든 이념 가운데 민주주의가 가장 너른 지지와 가장 적은 반대를 가졌다면 이는 많은 부분 선거라는 제도 때문일 터이다. 선거로 인해 민주주의는 스스로의 모순과 흠결을 돌아볼 기회를 갖는다. 선거가 없는 사회를 상상하는 일은 어렵지 않다. 선거를 압살한 박정희의 유신체제와

99.9퍼센트의 지지만이 가능한 북한 사회는 그 디스토피아의 전형이라 할 만하다. 민주주의에서 선거를 적출하면, 민주주의는 목숨을 잃는다. 결국 선거가 없는 민주주의는 그 자체로 형용모순이거나, 독재와 압제의 다른 이름일 뿐이다. 견제 받지 않는 권력은 시민을 업신여기는 까닭이다.

물론 인민주권의 원칙이 오로지 선거를 통해 구현되는 것을 최선이라고 볼 수는 없다. 이것은 시민이 투표를 통해서 권력을 대표자들에게 잠정적으로 맡기는 방식이어서, 시민이 대표자들의 행동 속에서 자신의 의사를 찾아낼 수 없으면 양자 사이의 신뢰 관계는 위태롭게 된다. 2000년 총선시민연대의 낙천·낙선 운동에서부터 안철수 열풍까지 한국에서 시민과 대표자들 사이의 신뢰 관계가 매우 위태로운 지경에 이르렀다는 증거는 많다. 이는 의회 주권의 의지가 인민 주권의 의지를 배반하고 있다는 뜻이기도 하다.

한편, 자본주의 사회에서 피선거권은 대개 범부들이 쉽게 넘볼 수 있는 권리가 아니다. 선거에 출마하는 사람들은 실질 자본이든 상징(문화) 자본을 소유한 상층계급일 가능성이 높기 때문이다. 가진 것이 많으면 많을수록 가난하고 힘없는 사람들의 이해를 대변하기는 어렵다. 이처럼 사회적 다수의 이해가 정치 영역에서 대표되지 않는 것은 민주주의를 근본에서 회의하게 만든다.

선거제도의 한계는 뚜렷하지만, 그렇다고 선거로 대표되는 대의제 너머도 또렷한 것은 아니다. 헌 것은 녹슬었지만, 아직 새 것은 오지 않았다.

　선거제도의 역사적 의미는 또 있다. 대부분의 후발 자본주의국가가 그러하지만, 선거제도는 특히 한국의 현대사와 밀접하게 관련돼있다. 부정선거로 얼룩진 까닭에 많은 사람들이 간과하고 있지만, 선거는 한국사회 변화의 주요 분수령이었다. 한국사회의 정치적 변동은 주로 선거와 더불어 진행됐다. 4.19와 87년 6월항쟁을 언급하지 않더라도, 변화의 고비마다 선거가 있었다. 시민들의 정치적 요구와 각성은 선거를 기점으로 폭발했다. 비판적인 선명야당에 대한 대중의 기대는 이승만과 군사독재 정권 아래서도 '선거바람'으로 나타나 권력을 크게 위협했다.[28]

　이처럼 선거가 있었던 까닭에 놀라울 정도의 역동성을 갖게 된 점을 떠올릴 때, 한국사회에서 선거가 갖는 남다른 함의가 있다.

　일정 부분 제도적 민주주의를 구현했다고 표현되지만, 여전히 위태로운 한국 민주주의 시스템에서 새롭게 도입되는 재외국민선거는 유권자의 영역을 확장했다는 점에서 의심할 수 없는 진보다. 하지만 현행 공직선거법의 문제점이 고스란하듯, 재외국민선거제도의 문제점도 여전하다. 공직선거법을 새롭게 재구성하고 혁신하는 과제가 여전히 우리 앞에 놓여 있다.

1 제93조(탈법방법에 의한 문서·도화의 배부·게시 등 금지)

①누구든지 선거일전 180일(보궐선거 등에 있어서는 그 선거의 실시사유가 확정된 때)부터 선거일까지 선거에 영향을 미치게 하기 위하여 이 법의 규정에 의하지 아니하고는 정당(창당준비위원회와 정당의 정강·정책을 포함한다. 이하 이 조에서 같다) 또는 후보자(후보자가 되고자 하는 자를 포함한다. 이하 이 조에서 같다)를 지지·추천하거나 반대하는 내용이 포함되어 있거나 정당의 명칭 또는 후보자의 성명을 나타내는 광고, 인사장, 벽보, 사진, 문서·도화 인쇄물이나 녹음·녹화테이프 그 밖에 이와 유사한 것을 배부·첩부·살포·상영 또는 게시할 수 없다. 다만, 다음 각 호의 어느 하나에 해당하는 행위는 그러하지 아니하다.

2 '한정(限定)위헌'이란 법률이나 법률 조항의 전부, 혹은 일부에 대해 위헌 결정을 하지 않고 특정한 해석기준을 제시하면서 위헌임을 선언하는 것. 일반적인 위헌 결정과는 달리 문제의 법률 조항은 그대로 살려두면서 다만 '~라고 해석하는 한 위헌'이라고 결정하는 것이다.

3 공직선거법 제250조

② 당선되지 못하게 할 목적으로 연설·방송·신문·통신·잡지·벽보·선전문서 기타의 방법으로 후보자에게 불리하도록 후보자, 그의 배우자 또는 직계존·비속이나 형제자매에 관하여 허위의 사실을 공표하거나 공표하게 한 자와 허위의 사실을 게재한 선전문서를 배포할 목적으로 소지한 자는 7년 이하의 징역 또는 500만 원 이상 3천만 원 이하의 벌금에 처한다. 〈개정 1997.1.13〉

4 「아이뉴스」 2004년 3월 10일자

5 참여연대는 특정 정치 단체의 낙천낙선운동을 포함해 모두 12가지로 유형을 분류했다.

6 제90조(시설물설치 등의 금지)

① 누구든지 선거일 전 180일(보궐선거등에서는 그 선거의 실시사유가 확정된 때)부터 선거일까지 선거에 영향을 미치게 하기 위하여 이 법의 규정에 의한 것을 제외하고는 다음 각 호의 어느 하나에 해당하는 행위를 할 수 없다. 이 경우 정당

(창당준비위원회를 포함한다)의 명칭이나 후보자(후보자가 되려는 사람을 포함한다. 이하 이 조에서 같다)의 성명·사진 또는 그 명칭·성명을 유추할 수 있는 내용을 명시한 것은 선거에 영향을 미치게 하기 위한 것으로 본다.

　　1. 화환·풍선·간판·현수막·애드벌룬·기구류 또는 선전탑, 그 밖의 광고물
　　이나 광고시설을 설치·진열·게시·배부하는 행위

　　2. 표찰이나 그 밖의 표시물을 착용 또는 배부하는 행위

　　3. 후보자를 상징하는 인형·마스코트 등 상징물을 제작·판매하는 행위

② 제1항에도 불구하고 다음 각 호의 어느 하나에 해당하는 행위는 선거에 영향을 미치게 하기 위한 행위로 보지 아니한다.

　　1. 선거기간이 아닌 때에 행하는 「정당법」 제37조제2항에 따른 통상적인 정
　　당활동

　　2. 의례적이거나 직무상·업무상의 행위 또는 통상적인 정당활동으로서 중
　　앙선거관리위원회규칙으로 정하는 행위

7　　「한겨레21」 809호 '4대강 입 지킴이'

8　　　제250조(허위사실공표죄)

① 당선되거나 되게 할 목적으로 연설·방송·신문·통신·잡지·벽보·선전문서 기타의 방법으로 후보자(후보자가 되고자 하는 자를 포함한다. 이하 이 조에서 같다)에게 유리하도록 후보자, 그의 배우자 또는 직계존·비속이나 형제자매의 출생지·신분·직업·경력등·재산·인격·행위·소속단체 등에 관하여 허위의 사실[학력을 게재하는 경우 제64조제1항의 규정에 의한 방법으로 게재하지 아니한 경우를 포함한다]을 공표하거나 공표하게 한 자와 허위의 사실을 게재한 선전문서를 배포할 목적으로 소지한 자는 5년이하의 징역 또는 3천만원 이하의 벌금에 처한다.〈개정 1995.12.30, 1997.1.13, 1997.11.14, 1998.4.30, 2000.2.16, 2004.3.12, 2010.1.25〉

② 당선되지 못하게 할 목적으로 연설·방송·신문·통신·잡지·벽보·선전문서 기타의 방법으로 후보자에게 불리하도록 후보자, 그의 배우자 또는 직계존· 비속이나 형제자매에 관하여 허위의 사실을 공표하거나 공표하게 한 자와 허위의 사실을 게재한 선전문서를 배포할 목적으로 소지한 자는 7년 이하의 징역

또는 500만 원 이상 3천만 원 이하의 벌금에 처한다.〈개정 1997.1.13〉

③ 당내경선과 관련하여 제1항(제64조제1항의 규정에 따른 방법으로 학력을 게재하지 아니한 경우를 제외한다)에 규정된 행위를 한 자는 3년 이하의 징역 또는 6백만 원 이하의 벌금에, 제2항에 규정된 행위를 한 자는 5년 이하의 징역 또는 1천만 원 이하의 벌금에 처한다. 이 경우 "후보자" 또는 "후보자(후보자가 되고자 하는 자를 포함한다)"는 "경선후보자"로 본다.〈신설 2005.8.4〉

9 대법원 2003.11.28 선고 2003도5279, 대법원 2004.2.26 선고 99도5190 판결, 대법원 2006.11.10 선고 2005도6375 판결 등. 이 판례는 대법원이 정봉주 전 의원에게 허위사실을 공표했다며 징역 1년을 선고할 때 판결문에 제시한 판결이다.

---

1 **선관위가 공개한 투표인증샷 10문 10답**

◉ 선거일에 누구든지 투표인증샷을 트위터 등에 게시할 수 있나

• 투표를 한 사람이 '여기는 ○○투표소입니다', '투표했습니다' 등의 투표인증샷을 단순하게 게시하는 것은 가능. 다만 특정후보자에게 투표를 권유, 유도하는 내용을 포함하는 경우 처벌됨.

• 손가락 등으로 특정 후보자의 기호를 연상할 수 있는 표시를 해 게시하는 것도 그 후보자에게 투표하도록 권유하는 행위로서 불가.

◉ 선거일에 어느 후보자에게 투표하라고 권유할 수 있나

• 누구든지 선거일에는 선거운동을 할 수 없고 특정후보자에게 투표를 권유·유도하는 행위는 선거운동에 해당되므로 불가.

• 선거일의 선거운동은 보통의 사전 선거운동보다 그 위법성이 중하기 때문에 사전 선거운동보다 무겁게 처벌하고 있음.

• 공직선거법 제254조 제1항 선거일에 투표마감시각전까지 선거운동을 한

자는 3년이하의 징역 또는 600만 원 이하의 벌금에 처함.

⊙ 투표지 인증샷 할 수 있나

• 투표지를 촬영하면 공개여부를 불문하고 처벌됨. 기표하지 아니한 투표용지 촬영도 금지됨.

⊙ 투표소 안에서 투표인증샷 찍을 수 있는가

• 투표소의 질서를 해하는 행위이므로 불가. 투표소 앞에서 투표에 영향을 미치지 아니하도록 투표인증샷을 찍는 것은 가능

⊙ 선거일에 단순한 투표참여 권유를 할 수 있나

• 일반인이 특정후보자에 대한 지지, 반대를 권유·유도하는 내용이 아닌 단순한 투표참여 권유 행위 가능

• 다만, 투표참여를 권유·유도하는 것만으로도 어느 후보자에게 투표하도록 권유·유도하려는 것으로 의도되거나 인식될 수 있는 사람이나 정당·단체는 불가

예: 후보자, 정당·선거운동단체 및 그들의 대표자, 선거캠프에 참여하는 주요 인사가 투표참여를 권유·유도하는 경우 등

⊙ 선거일에 투표인증샷과 함께 "누구를 찍었다"는 글을 트위터에 올릴 수 있나

• 그 후보자에게 투표하도록 권유·유도하는 행위로서 불가

⊙ 선거일에 특정후보자의 선거벽보가 보이는 곳에서 사진을 찍어 "투표 하세요"라는 등의 문구를 포함한 투표인증샷을 게시하면 처벌받나

• 특정 후보자의 선거벽보가 현출 되는 경우에는 그 후보자에게 투표하도록 권유·유도하는 행위로서 불가

⊙ 선거일에 후보자, 정당대표자, 선거캠프에 참여하는 주요인사 등과 함께 사진을 찍어 "투표하세요"라는 등의 문구를 포함한 투표인증샷도 처벌받나

• 특정 후보자에게 투표하도록 권유·유도하는 행위로서 불가

⊙ 투표인증샷을 올리는 사람에게 서적·CD제공, 음식값·상품할인공연무료입장 등의 재산상의 이익을 제공하겠다는 의사를 표시하거나 그 약속을 트위터에 올리면 처벌받나

• 정당이나 후보자와 연계하여 하거나, 후보자 거주·출신지역 등 선거구민만

을 대상으로 하거나, 특정 연령층이나 특정 집단·계층만을 대상으로 하는 행위는 불가

◉ 선거일에 특히 유의할 사항은

• 선거일 당일에는 일체의 선거운동이 금지되므로 누구든지 선거운동을 할 수 없으므로 이점 특별히 유의하여 주시기 바람

• 투표는 평온한 상태에서 질서정연하게 이루어져야 하므로 투표소 내외에서 투표에 영향을 미치는 행위는 모두 금지되므로 자제하시기 바람

• 법이 지켜지는 가운데 평온한 분위기에서 유권자의 자유로운 의사에 따라 투표권 행사가 이루어질 수 있도록 협조를 당부드림

2 민의원선거법은 일본의 선거법을 계수한 것으로 추측된다. 일본에서는 1925년 보통선거법에 이 조항과 같은 조항이 처음 규정되었고 그 후 몇 차례 개정을 거쳐 현재 우리 공직선거법과 거의 유사한 규정이 존속하고 있다.

3 비교법적으로, 선거운동을 하는 데에 우리 공직선거법과 같은 규제는 찾아보기 어렵다고 한다. 미국에서는 각 주마다 차이가 있으나, 일반적으로 공공장소(마트나 도서관 등)에 특정 정당이나 후보자 선전물을 부착할 수 없다는 제한이 있을 뿐이다. 선전물의 형태에는 제한이 없으므로 상상할 수 있는 모든 제품이 선전물이 될 수 있다. 연필에서부터 자동차에 부착하는 스티커, 냉장고에 붙이는 자석 등 다양한 물건이 활용된다고 한다.

4 대법원 2004. 11. 25. 선고 2004도4045 판결
대법원 2006. 6. 27. 선고 2004도6167 판결
대법원 2007. 2. 22. 선고 2006도7847 판결
대법원 2008. 9. 25. 선고 2008도6555 판결 등

5 '엄격한 심사기준(strict judicial scrutiny)'이란 본래 미국 판례법에서 유래한 용어다. 1942년 스키너 대 오클라호마 사건에서 처음 사용되었는데, 이 기준은 평등권과 관련하여 기본적 권익(fundamental interests)이나 의심스러운 차별(suspect classification) 법률심사에 적용되다가 그 후 기본적 인권(basic rights)에 관한 법률, 예컨대 표현의 자유, 자유로운 종교활동, 거주이전의 자유, 형사절차에 관한 권리 등을 제한할 때 적용된 원칙이다. 엄격한 심사기준을 적용하게 되면, 입법목

적과 그 목적을 달성하기 위한 수단을 정밀하게 심사한다. 엄격한 심사기준을 통과하기 위해서는 입법상의 차별기준이 절박한 국가의 이익을 달성하기 위해 필요한 것이어야 한다. 따라서 정부의 입법목적이 단지 정당한 것만으로는 부족하고 절박할 정도로 중요한 것이어야 하며, 사용된 수단은 그 목적과 단지 합리적으로 관련되어 있는 것만으로는 충분하지 않고 그 목적달성에 필요해야 한다. '필요한'이라는 요건은 입법목적을 달성하는 데에 인권을 덜 제한하는 수단이 없어야 한다는 것을 의미하고 그러한 입법목적과 수단의 관계를 입법자가 입증해야 한다.

6	헌법 제114조

① 선거와 국민투표의 공정한 관리 및 정당에 관한 사무를 처리하기 위하여 선거관리위원회를 둔다.

7	제116조

① 선거운동은 각급 선거관리위원회의 관리하에 법률이 정하는 범위안에서 하되, 균등한 기회가 보장되어야 한다.

8	제1조(목적) 이 법은 「대한민국헌법」과 「지방자치법」에 의한 선거가 국민의 자유로운 의사와 민주적인 절차에 의하여 공정히 행하여지도록 하고, 선거와 관련한 부정을 방지함으로써 민주정치의 발전에 기여함을 목적으로 한다.

9	다만, "예비후보자 등의 선거운동 규정에 따라 예비후보자 등이 선거운동을 하는 경우"와 "후보자, 후보자가 되고자 하는 자가 자신이 개설한 인터넷 홈페이지를 이용하여 선거운동을 하는 경우"는 예외로 한다.

10	제92조 (영화 등을 이용한 선거운동금지)
11	제98조(선거운동을 위한 방송이용의 제한)
12	제99조(구내방송 등에 의한 선거운동금지)
13	제100조(녹음기 등의 사용금지)
14	제109조(서신·전보 등에 의한 선거운동의 금지) ①항
15	헌법재판소 2008. 10. 30. 선고 2005헌바32 결정
16	미국, 영국, 독일 등 대부분의 이른바 선진 민주주의 국가에서는 선거운동 등 정치적 표현에 대한 기간의 규제가 거의 없다. 특별한 경우를 제외하고는 선거

운동 방법 등에 대하여 규제하지 않는다. 선거비용 통제를 통해 선거의 공정성을 확보하고 있다. 소위 선진국가 중 우리처럼 복잡한 규제조항을 두고 있는 나라는 일본밖에 없다. 우리 선거법은 일본의 법과 유사한 구조로 비슷한 조항을 두고 있는데, 굳이 일본 선거법을 모방할 필요는 없을 것이다.

17 Talley v. California, 362 U.S. 60(1960)

18 Lawrence v. Texas, 539 U.S. 558(2003)

| 03 검찰, 아버지의 마음으로 수사의 칼을 갈다 |

1 지난 1월 16일 전국 공안부장검사 회의 직후 대검찰청이 언론에 공개한 한상대 검찰총장의 인사말 전문.

2 한정위헌이 대표적. "A를 B라고 해석하는 한 위헌이다"라는 방식으로 법률 해석 방식에 따라 위헌 여부가 갈린다고 결정하는 것.

3 98도4490
대법원은 이 혐의에 대해서는 일반적인 초청장 발송의 의례적인 범위 안에 있는 것으로 보고 공직선거법 위반으로 처벌할 수 없다고 판결했다. (X)

4 98도4490
대법원은 다음 회기 지방 의회에서 처리할 지역 현안에 대해 사실상 공약을 내세우는 행위는 지방의회 의원의 업무 범위 안의 행위로 볼 수 없다고 판단해 유죄 판결을 했다. (O)

5 2002도5981
대법원은 해당 법무사가 매해 1,000여 명의 지역 주민들한테 연하장을 발송해왔으며, 법원에서 근무한 경력을 새로 추가하긴 했지만 선거 예정지로 주소를 옮기지 않은 점 등을 감안해 무죄로 판결했다.(X)

6 2003도6653
대법원은 도움을 요청한 상대방이 득표력이 상당한 직능단체 대표인 점, 도지사

사무실로 불러 긴히 이야기를 나눈 점 등을 주요 근거로 유죄 판결을 했다.(O)

7 중앙선거관리위원회 질의회답 1995.4.26 (X)

8 98도3648

대법원은 무소속 후보자가 정당을 표방하는 것은 단순히 정당 가입 경력을 알리는 것과 달리, 정당에서 그 후보자를 지지한다고 오해할 만한 행동을 하는 경우로 제한한다. 이 사건에서 대법원은 정당 가입 경력을 눈에 띄게 표시하는 것은 일반적인 경력과 다르게 홍보한 것으로 봐 유죄로 판결했다.(O)

9 중앙선거관리위원회 질의회답 1995.6.26 (X)

10 99도2314

무소속임에도 불구하고 도지사 후보의 유세 차량에 사진을 붙이는 등 해당 정당이 후보를 지지한다는 오해를 부를 수 있는 행동으로 유죄로 판결했다. (O)

11 96도663

매해 신년호에 게재하는 지역 유지의 인사말을 담은 것으로 선거와 관계된 언급도 없었다는 점을 들어, 대법원은 무죄로 판결했다. (X)

12 중앙선거관리위원회 질의회답 2006.12.22

선거관리위원회는 일반적인 형태의 명함이 아니라는 점에서 공직선거법에 위반한 행동으로 판단했다. (O)

13 중앙선거관리위원회 질의회답 1999.12.17

선거관리위원회 질의회답 1995.5.1 (X)

14 중앙선거관리위원회 2007.5.18

대통령 예비 후보자가 압축된 상황이었으며, 협회 성격과도 어울리지 않는 상황이었으므로 공직선거법에 위반되는 것으로 판단했다. (O)

15 96도1469

대법원은 선거운동 자원봉사자들을 대상으로 후보자의 의정 활동을 제대로 알고 선거운동 할 수 있도록 의정 보고서를 돌렸더라도, 선거운동 기간에 의정활동 보고서를 돌린 것은 공직선거법 위반이라고 판결했다. (O)

16 중앙선거관리위원회 1994.7.25 (X)

17 중앙선거관리위원회 질의회답 2005.5.25 (O)

18	중앙선거관리위원회 질의회답 1994.5.4 1994.7.27
	공직선거법은 의정보고서의 발간, 배포 횟수, 발행부수, 규격 등을 제한하고 있지 않으므로, 어떤 형태로 보고서를 만들어 돌리더라도 그것만으로 공직선거법 위반이라고 볼 수는 없다. (X)
19	2004도3062
	대법원은 명함을 우편불 함에 넣어두거나, 아파트 문 틈으로 밀어 넣는 것은 법이 허용하고 있는 '명함을 건네는 행위'가 아니므로 공직선거법 위반이라고 판결했다. (O)
20	2007도1321
	대법원은 이같은 정보과 형사의 행위는 선거에 영향을 미치기 위한 목적으로 인정할 수 없다며 무죄로 판결했다. (X)

| 04 지구적으로 투표하고 지역적으로 선출하라 |

1	고종석, 『코드 훔치기』, 마음산책, 44~45쪽
2	참정권이란 국민이 국가의 의사형성이나 정책결정에 직접 참여하거나 선거인단·투표인단의 일원으로서 선거 또는 투표에 참여 혹은 자신이 공무원으로 선임될 수 있는 국민의 주관적 공권을 의미한다. 권영성, 『헌법학 원론』, 법문사, 2008, 587쪽.
3	최유, 「정치영역에서의 차별에 관한 헌법적 고찰-재외국민 선거제도와 여성대표할당제를 중심으로」, 『중앙법학』, 중앙법학회, 2011, 3~4쪽
4	대문자의 디아스포라(Diaspora)라는 말은 본래 이산(離散)을 의미하는 그리스어이자 팔레스타인 땅을 떠나 세계 각지에 거주하는 이산 유대인과 그 공동체를 가리킨다. 그러나 그것은 물론 사전상의 의미에 지나지 않는다. 오늘날 '디아스포라'라는 말은 유대인뿐 아니라 아르메니아인, 팔레스타인인 등 다양한 '이산의 백성'을 좀더 일반적으로 지칭하는 소문자 보통명사 'diaspora'로 사용하는

경우가 많아졌다. 조선 사람들 역시 과거 한 세기 동안 식민지배, 제2차 세계대전과 한국전쟁, 군사정권에 의한 정치적 억압 등을 경험해, 상당수에 달하는 사람들이 뿌리의 땅인 한반도로부터 세계 각지로 이산했다. 코리언 디아스포라는 세계 각지 흩어져 살고 있는 재외동포를 이르는 말이다. 서경식, 『디아스포라 기행』, 돌베개, 2006, 13~14쪽

5   재외동포재단법 제2조는 재외동포(在外同胞)를 "대한민국국민으로서 외국에 장기체류하거나 영주권을 취득한 자"와 "국적을 불문하고 한민족의 혈통을 지닌 자로서 외국에서 거주·생활하는 자"의 두 종류로 정의한다. 재외동포재단법에서 뜻하는 재외동포는 국적과 관계없이 외국에 거주하는 한민족의 혈통을 가진 자를 일컫는다. 박채순, 「한민족 디아스포라와 재외국민참정권에 관한 연구:재외국민참정권의 쟁점과 전망」, 2008년 건국 60주년 기념 공동학술회의

6   헌법 24조는 "모든 국민은 법률이 정하는 바에 의하여 선거권을 가진다"고 규정하고 있다.

7   대한민국 법률에 등장하는 재외국민은 두 가지 의미를 갖는다. 광의로는 헌법 제2조 제2항 및 재외국민등록법에서 규정하는 재외국민으로서 "외국에 거주하거나 체류하는 대한민국 국민" 전부를 의미한다. 이중 90일 이상 일정 지역에 체류할 의사를 가지고 그 지역에 체류하는 경우에는 재외국민등록법에 의해 등록의무를 가진다. 협의로는 재외동포의출입국과법적지위의관한법률(재외동포법)이 규정하는 재외국민으로서 "외국의 영주권을 취득한 자 또는 영주할 목적으로 외국에 거주하고 있는 자"이다. 상사주재원, 유학생 등 소위 단기체류자 또는 일시체류자는 재외국민등록법상 재외국민에는 포함되나 재외동포법상 재외국민은 아니다. 재외국민이라는 용어가 사회적으로 가지는 어감은 아마도 영주권까지는 아니더라도 장기적으로 해외에 거주하면서 삶의 중심을 그곳에 둔 국민을 뜻하는 것에 가까운 것 같다. 이철우, 「인민주권의 영토적 경계:재외국민 참정권 문제의 담론구조」, '2008년 건국 60주년 기념 공동학술회의, 108쪽

8   헌법불합치 결정이 내려진 조항은 선거법 제15조 제2항 제1호, 제16조 제3항, 제37조 제1항 중 '관할구역 안에 주민등록이 돼 있는 자'에 관한 부분, 제38조

제1항 중 '선거인명부에 오를 자격이 있는 등록이 된 투표권자'에 관한 부분, 국민투표법 제14조 제1항 중 '그 관할구역 안에 주민등록이 된 투표권자'에 관한 부분이다.

| 9 | 1972년에 제정된 통일주체국민회의대의원선거법과 같은 해 개정된 국회의원선거법이 주민등록된 국내거주만 권리를 행사할 수 있게 했고 이것이 오늘날까지 이어지게 된 것이다. 이철우, 앞의 논문, 103쪽 |

10 김봉섭, 『재외동포가 희망이다』, 앰애드, 2009, 226~242쪽. '재외동포법적지위특례법 제정안'이 좌초된 것은 외교부의 반대도 한 몫 했다. 외교부는 다음의 이유들을 들어 반대했다. 첫째, 재외동포 참정권 인정으로 인해 재외동포들 사이에서 한반도에 대한 관심이 고조되어 외교마찰을 일으킬 가능성이 있다. 둘째, 재외동포의 병역 및 납세의무와 관련하여 내국인과의 형평성 문제가 불거질 수 있다. 셋째, 선거운동 과열로 재외동포사회가 분열할 우려가 있다. 넷째, 재외동포들의 과도한 모국지향성을 야기할 우려 등이다. 우려를 위한 우려의 인상이 짙다. 김웅기, 「재외국민 조국 참정권과 재일동포사회의 변화」, 『일본학』, 32집, 45쪽

11 외국 국적을 취득한 자는 외국 국적 취득 시 국적선택기간 경과 후 대한민국 국적을 상실하므로 선거권이 없다. 그러나 국적선택기간 중에 있는 복수국적자는 대한민국 국적도 보유하고 있으므로 선거권을 가진다.

12 국회의원 재보궐선거, 지방선거, 국민투표, 주민투표는 국외에서 투표를 실시하지 않는다.

13 박진우, 「재외국민 선거권 부여를 위한 공직선거법 개정안에 대한 비판적 연구」, 『세계헌법연구』, 14권, 제3호(2008); 권영호·송서순, 「재외국민 참정권의 법적 보호에 관한 고찰-개정 공직선거법을 중심으로」, 『공법학연구』, 제10권, 제3호(2009.8); 이상윤, 「재외선거제도의 논점과 과제」, 『고려법학』, 고려대학교 법학연구원, 제59호(2010.12)

14 김종갑, 「재외국민 모의선거를 통해 본 재외선거제도의 개선방향」, 『이슈와 논점』제160호, 국회입법조사처, 2010. 12), 3쪽

15 선거관리위원회에서 제공한 등록 신청서 양식이 해외에선 잘 안쓰는 아래아한

글(hwp) 파일로만 된 점도 등록율 저조에 영향을 끼쳤을 것이다. '재외선거인 신청 hwp파일만 허용, 선관위 '주먹구구''「한겨레」(2011.11.8.)

16   국내 보수언론과 민단을 중심으로 일고 있는 재일조선인총연합회(총련)의 선 거개입 의혹에 대해서는 뒷부분에서 자세히 소개할 것이다.

17   '재외국민 선거 등록 마감 D-5'「한겨레」(2012.2.6)

18   자이니치는 재일(在日, ざいにち)이라는 뜻이다. 일본에 거주하는 재일동포를 이른다. 자이니치라는 말이 차별적 용어라는 지적도 있으나, 많은 수의 재일동 포들이 스스로를 자이니치라고 부른다는 점, 자이니치라는 용어가 재일동포의 역사성을 비교적 잘 드러내주는 말이라는 점에서 이 글에서는 이 용어를 쓰기 로 한다.

19   이 글에서는 일본에 거주하는 코리안 디아스포라를 통칭하는 말로 재일동포를 쓸 것이다. 동포라는 말에서 짙은 민족주의의 그림자를 읽지만, 그 말이 널리 쓰이는 비교적 보편타당한 말이라는 점이기 때문이다.

20   '재일동포에게 조국 참정권을!'「한겨레21」(96호, 1996년 2월15일자)

21   '나는 꿋꿋이 조국을 부른다'「한겨레21」(436호, 2002년 12월5일자)

22   서경식,『디아스포라 기행』, 돌베개, 2006, 24~25쪽

23   일본에서는 오래전부터 외국인 등록시 지문날인 및 제출이 의무화되었으나, 특별 영주자인 재일 조선인들이 중심이 되어 지문날인 거부운동을 주도해왔 다. 재일조선인을 잠재적인 범죄자로 여겼던 지문날인에 대한 거부운동은 재 일조선인의 대표적인 반차별인권운동이었다. 이에 1980년대부터 1990년대 에 걸쳐 지문날인의 의무가 완화되었다가, 1999년에는 영주 외국인만 아니라 모든 외국인에 대하여 지문날인이 철폐되었다. 이에 비해 한국은 주민등록을 하는 자국민에 대하여 지문날인을 하고 있다.

24   김웅기,「재외국민 조국 참정권과 재일동포사회의 변화」,『일본학』, 32집, 42쪽

25   이 글에서는 국적을 떠나 식민지시대부터 일본에 사는 재일동포들과 그 후손 을 '재일조선인'으로 표기한다. 여기서 말하는 조선은 북한(조선민주주의인민공 화국)이 아니라, 해방과 분단 이전의 '조선'을 가리킨다. 재일조선인이라는 호 칭은 재일동포의 역사를 가장 정확하게 드러내주는 용어다. '재일한국인'이라

는 표현은 그 가운데 한국국적을 가진 자에 한해서 사용한다.

26 이성,「재일조선인의 참정권」,『황해문화』, 2007년 겨울호, 78쪽

27 정태헌,「총련계 재일동포들의 21세기 자기인식」,『역사비평』, 2007년 봄호.

28 서중석 교수(성균관대 사학과)는 1970년대 초까지 남한보다 잘 살던 북한이 나락으로 추락한 것은 선거의 부재 때문일지도 모른다고 지적한다. 선거로 다음 시대를 열어갈 역동성을 마련하지 못했다는 것이다. 서중석,『대한민국 선거이야기』, 역사비평사, 2008

선거법은 어떻게 우리를 범죄자로 만들었나?

리트윗의 자유를 허하라

초판 1쇄인쇄 2012년 3월 27일 초판 1쇄발행 2012년 4월 2일

지은이 박수진, 박성철, 노현웅, 오승훈 펴낸이 연준혁

출판 1분사 분사장 최혜진
2부서편집장 한수미
책임편집 정유민 디자인 강경신
제작 이재승
사진제공 한겨레, 연합뉴스

펴낸곳 (주)위즈덤하우스 출판등록 2000년 5월 23일 제13-1071호
주소 경기도 고양시 일산동구 장항동 846번지 센트럴프라자 6층
전화 031)936-4000 팩스 031)903-3893 홈페이지 www.wisdomhouse.co.kr
종이 월드페이퍼 인쇄·제본 영신사 후가공 이지앤비

값 13,800원 ⓒ박수진, 박성철, 노현웅, 오승훈 2012
ISBN 978-89-6086-531-0 13300

* 잘못된 책은 바꿔드립니다.
* 이 책의 전부 또는 일부 내용을 재사용하려면
  사전에 저작권자와 (주)위즈덤하우스의 동의를 받아야 합니다.

국립중앙도서관 출판시도서목록(CIP)

리트윗의 자유를 허하라 : 선거법은 어떻게 우리를 범죄자로 만들
었나? / 박수진, 박성철, 노현웅, 오승훈 지음. -- 고양 : 위즈덤하
우스, 2012
    p. ; cm

ISBN 978-89-6086-531-0 13300 ₩13800

선거(투표)[選擧]

344.5-KDC5
324.7-DDC21   CIP2012001391